ストレス ゼロ

会わない営業だから、売れる

今野富康

現代書林

はじめに

クソどうでもいい仕事。

英語では、「ブルシット・ジョブ」と呼ばれています。やりがいを感じない、無駄で無意味、人の役に立つけど収入が少ない、そんな仕事のことを指した言葉です。

実際、そのままのタイトルの本が出ているくらい欧米では問題になっていて、それについて書かれた分厚い専門書がヒットしています。

お客さんが出ないとわかっていてかける電話。

わざわざアポを取り、お客さんに実際に会って、相手が聞きたくもない話をしに行く。

もちろんアポなしで飛び込み営業に行くのも「クソどうでもいい仕事」です。

個人的には、この十数年したことがありません。

そして、そうした手法は、むしろコロナを経験した昨今にあっては、無益なだけでなく有害でもあるでしょう。しなくてよいし、するべきではない苦労です。

というところまでが、著者としての建前。ここからが本音です。

私の場合は、そうした仕事が苦手すぎてずっと避け続けてきました。考えただけで、体調が悪くなります。

「営業は断られてからが勝負だ！」的な上司のもとで働いていた経験もありますが、断られた時点で私の心は粉々です。

そこから、グイグイいけるタイプならそもそも苦労していません。本当に憂鬱でした。

飛び込み営業で怒られ、電話では冷たくあしらわれ、無理やり取ったアポイントに意気込んで出かけても断られ。日々傷心。意気消沈。営業なんかできる気せん（なんか、ラップっぽいですが）。

心底、営業という仕事が嫌になった時期もありました。メンタルが強かったら、もっと自分にコミュニケーション力があったら、などなど何度思ったかわかりません。

世の中の営業パーソンには、私のようなガラスのハートの人もたくさんいるはずです。でも、私がしてきたような苦労は本当に避けられない苦労なのでしょうか？

もちろん、そうではありません。**営業はもっと楽をしていいし、そうあるべき**だと思います。

コロナ以前であれば、全員がオフィスに出勤し、上司の顔色をうかがいつつ「忙しいふり」をしていることも多かったでしょう。

そして、それが少なからず人事考課に響きました。でも、テレワークが増え、出勤日数が減り、上司にも同僚にも会うことが減った今となっては、あなたの評価を決めるのは業績だけです。

だから、人目を憚らず、上司の目も気にせず、業績を上げることに集中しましょう。
そして、業績を上げるためには、何も同僚と同じ方法である必要はありません。

犬は噛み付く。猫は引っ掻く。
あなたはあなたに合った方法で、業績を作ればいいのです。

あなたが私と同じように、ネクラで、人と会うのが億劫で、初対面の人と接するのが苦手で、緊張すると早口になる上に滑舌が極度に悪くなるとしても、本書の方法を駆使すれば営業成績を伸ばすことができます。

メールを送り、オンラインで興味を持って集まった人だけに話をして、購買意欲が高まった人だけに商談を展開する。

こちらが無理やり押しかけているわけではありません。お客さんが「聞きたいから」きてくれるのです。その時点で、今までの方法よりはるかに楽になります。

さらに、この方法は、あなたにとってだけでなく、お客さんにとっても無駄がなく好ましい方法です。

お客さんの立場になって考えれば、しつこい営業に押し切られてアポを入れられるのも聞きたくもない話を聞かされるのも楽しい経験ではありません。

コロナ禍では、営業実績が落ち込む企業が続出しました。

その理由の多くは、「お客さんに会えなくなったから」です。

新型コロナは、本音では「会いたくない」と思っているお客さんにとって格好の免罪符になりました。

でも、**本書でお話しする方法であれば、こちらから会いに行く必要はありません。お客さんがあなたに会いに来るのです。しかも、あなたの話に興味を持って。**

私は元・売れない営業マンです。今は会わずに売れる手法を考案し、それを実践し、指導もしています。

これまで1500社のクライアントの業績アップに貢献してきました。

営業成績を1年で180%向上させたり、物販実績を4年で100倍にしたこともあります。


またコロナ禍の中でも私自身、単月売上を数倍にして、過去最高記録を叩き出しました。

指導先の中には、コロナ禍にもかかわらず過去最高の集客を実現している人が続出しています。1000人集めるつもりが8000人も集まり半ばパニックになった例もあるくらいです。


なぜ、そんな結果が出ているのか？　その理由は、私が「会わずに売れる」手法を駆使しているからです。それも、失注したお客さんの名刺や名簿を使って。

実は**「会わなければ売れない」というのは幻想です。**

会わなくても受注は取れます。中には、直接会ったことがない相手から、驚くような高額の受注をゲットした人もいます。

この本では、「会わずに売れる」営業手法を誰にでもわかるようにやさしく紹介しています。**ゼロストレスで効率よく売れます。**

ぜひ、本書の営業手法を使って、今まで以上に楽しく売上を伸ばしていただければと思います。

２０２１年８月　今野富康

Part 3

営業なしで、自然に売れる状態を作る4つのステップ

Part 4

あなたの代わりにお客さんにセールスする Webページを作る

Part 5

あなたの代わりに売ってくれるWebページのテンプレート

Part 6 断られたお客さんを「資産」にするメール術

Part 7

Webセミナー&Web面談でお客さんに思わず「買いたい」と言わせる秘訣

Part

1

「対面の営業」という無理ゲー

お客さんは会ってくれない

お客さんに会うことへのハードルは年々上がっている——。

営業を仕事にしている人なら、皆さん感じているかもしれません。

お客さんはなかなか会ってくれなくなりましたよね。

会えない時間が愛を深めてくれる……のは、J－POPの世界ならあり得るかもしれませんが、現実世界ではそう多くはありません。

ある統計によると、遠距離恋愛の破局率は78％だそうです。

しかも、恋愛ではなくビジネスですから、お客さんはもっとシビア。

そもそも営業パーソンがお客さんに会わなければ知ってもらうことすらできませんし、知られていてもいずれ忘れられてしまうでしょう。


お客さんに会うことへのハードルは年々上がっているのに、会わなければお客さんに忘れられてしまう。本当に無理ゲーです。

特に「営業は会ってなんぼ」と教えられてきた人にとっては、厳しい時代です。

では、なぜお客さんは会ってくれなくなったのでしょうか？


理由はいくつかあります。

例えば、近年の「生産性」に対する社会の意識の変化です。

ブラック企業という言葉が社会に浸透し、長時間労働が受け入れられなくなってきました。その結果として「いかに少ない時間で成果を出すか」に注目が集まってきています。

実際、２０１８年のＯＥＣＤの発表によると、日本の労働生産性は世界26位で、先進国では最下位です。政府が推進する「働き方改革」も相まって、多くの企業で働く人の時間の使い方をシビアに考えるようになっています。

その影響は、私たちが営業をする相手にも当然及んでいます。

お客さんは、「この営業パーソンとのアポイントに時間を割くことは、生産性に寄与するだろうか？」と考えて、アポイントを入れるかをより厳密に検討しているのです。


また、以前であれば、営業パーソンとお客さんの間には情報格差がありました。

営業パーソンは商品やサービスの専門家ですから、当然の如く、お客さんよりも多くの情報を持っているものです。

それが、アドバンテージとして機能したので、お客さんとしては「情報収集」を目的に営業パーソンと会うことがたくさんありました。

ところが今は、インターネットで検索すればかなり多くの情報が集まります。

さらに、2020年に入ってからは新型コロナウイルスの流行という新しいハードルが加わりました。結果として、お客さんに会うハードルはますます高くなっています。

もはや、跨げる高さのハードルではありません。股が裂けそうです。

このハードルのおかげで、**「とりあえず、会ってもらえればなんとかなる！」と考えていた営業パーソンの多くが苦境に立たされています**。つまり、股が裂けています。

アポイントは取れないし、訪ねて行っても会うのは難しい。

もはや、お客さんに会うことの難しさはハードルではなく巨大な壁のような感じすらします。

お客さんが電話にでんわ

そう感じている営業パーソンも多いはずです。

特に、**一定の年齢以下の人の中には電話に出ない人も増えてきました。**

ビジネスパーソンの中には電話を嫌う人が案外多いです。

理由は、メールであれば一回の連絡で済むのに、電話だと相手と話ができるまで何度もかけ直す場合があるということ。

加えて、電話での会話は記録が残らないので、「言った言わない」の問題になったり、結局再度、書面かメールで内容を確認する必要が出てきます。

ビジネスパーソンの中には、一定数、そうした無駄が許せない！　と思っている人がいるのです。

もちろん、年代や個人差がかなりあるのですが、**お客さんが電話を嫌うタイプの場合は電話をかければかけるほど嫌われます。**

また、オフィスに電話をかける場合も、以前とは比べ物にならないくらいハードルが上がっています。

例えば、同じような用件で電話をかけていると、受付の人がお客さんに電話をつないでくれなくなるというような事例もよく見かけます。

さらにいえば、**コロナ以降、テレワーク化が進んだ影響で、お客さんがオフィスにいる確率はだいぶ下がりました。オフィスにいなければ、電話がつながる可能性はほぼゼロです。**

今やお客さんがどこにいるかも、わかりません。誰か、助けてください。

「オラオラ系」の営業パーソンが絶滅する時代

例えば、楽天リサーチの「忙しい日本人の働き方・生活調査」(2017年)によると、こんな結果が出ています。

- 23・4%の人が、平日の家族との時間は1時間未満

●働き方改革で時間は増えた？「変わらない」という回答が半数以上に
●働き方は、6割が変わらず。仕事を社外に持ち出す人は、半数を超える

特に注目するべきなのは、仕事を社外に持ち出す人が半数を超えていることです。
つまり、仕事が山積みなわけですから、簡単には営業パーソンに会ってくれません。

しかも、営業パーソンが話をしたいのは、管理職であることが多いです。ところが、管理職は一昔前とは比べ物にならないくらい忙しくなっています。

リクルートスタッフィングが行った企業で働く中間管理職412人を対象に、「働き方改革における管理職への影響と変化」に関する調査（2019年）によると、2019年4月の働き方改革関連法案が施行後も6割以上の中間管理職が、残業時間がそれ以前と「変わらない」と回答しています。

また、回答者全体に、部下の残業時間削減のために自身の仕事量に影響が出たかを聞いたところ、「仕事量の増加を感じる」との回答が3割を超える結果になっています。加えて、残業削減のために実施したいことの筆頭は「無駄な業務の削減」64・3％となってい

ます。

さらに、今は中間管理職といってもプレイングマネジャーが多いですから、ますます忙しい人が増えている状況です。

お客さんにとって、「価値がある」「聞く必要がある」と感じてもらえなければいくら粘ったところで、嫌われるだけで、アポイントにはつながらないのです。

昔は、暑苦しいほどの熱量で強引に押していく「オラオラ系」の営業パーソンがたくさんいました。

でも、**今の環境では「オラオラ系」の営業手法ではほとんど効果がありません。**

無駄。

本当に、無駄です（紙の無駄遣いをして、ごめんなさい）。

家に仕事を持ち帰るほど忙しい人が、何が得られるかはっきりしないアポイントのために時間を割いてくれるはずがありません。

ましてや、「無駄な業務の削減」をしたいと思っている人ならなおさらです。

営業パーソンは、お客さんの方から「会いたい」と思ってもらうには、どうしたらいいのか？　を真剣に考える必要があります。

あなたは、営業得意ですか？　私は苦手です……

お客さんに、会って、話して、売る。

営業の仕事は、煎じ詰めるとそんな仕事ではないでしょうか。

営業職は、働く人の約13％を占めています。その数、856万人（2019年）です。

しかし、**856万人全員が、人と会って話すことが心底好きで、得意なのでしょうか。**

私はそうは思いません。というより、私自身、率直にいって苦手です。特に、初対面の人と会ったり話したりするのは避けて通りたいと思ってきました。

今は、以前ほど、お客さんに会ったり、話したりすることにストレスを感じませんが、当初は嫌で嫌で仕方がありませんでした。


しかし、それでも営業・セールスというジャンルで成績を出すことができました。

つまり、私がご紹介する手法やアイデアは、「人に会うのが楽しい」「人が大好き」「営業が天職です！」という人でなくても成果を出せます。

内向型の人、安心してください。


あなたが今、手にとっているこの本の著者。つまり私自身が、内向型、コミュニケーション下手です。

さらにいえば、私は、世界的な大手コンサルタント会社の人事コンサルタントから面と向かって、「営業だけは、向いてないですね」と断言された経験があります。

世界的な権威からのお墨付きをもらうほど、営業に向いていないわけです。

ほとんどの人は、間違いなく私よりは営業の素質があると思います。

ですから、今現在、結果が出なくて苦労している営業の方も、ぜひ大船に乗ったつもりで本書を読み進めてください。

「営業やれ。つーか、営業以外無理」

おそらく多くの人は、大学卒業後、または高校卒業後に就職されたことでしょう。

実際、新卒は就職するためのプラチナチケットです。例えば、年齢的にはほとんど同じでも、既卒、第二新卒と比べると格段に採用されやすい傾向にあります。新卒はとにかく有利です。

新卒学生を募集している企業は、中小企業でも、大企業でも無数にあります。ところが、当時、大学院卒、特に文系の博士課程卒となると、就職の間口は途端に狭くなりました。

しかも、私はいわゆるロスジェネ、就職氷河期世代です。

私に限らず、ロスジェネ世代は就職に苦労した人が多いですよね。

さらに、28歳、東海大学文学研究科西洋史学専攻博士課程後期満期退学予定。これが、私の就職活動中の肩書きでした。当時は、手書きで履歴書を書くことも多かったのですが、画数が多すぎて履歴書を書くだけでも一苦労です。

研究者になることを目指して大学院まで進んだのですが、そもそも研究者になりたかったのは**スーツを着た会社員になりたくなかった**からです。

そして、**やりたくない職種の筆頭は営業職でした。**

なぜ、そこまで会社員や営業職という仕事に抵抗があったのかは謎ですが、とにかく「それ以外の仕事がしたい」と必死で考えた末の研究職志望ではあったと思います。

就職活動を始めた理由も、実家のお金の問題という極めてネガティブなもの。実に、後ろ向きな理由で就職活動をしていた上に、年齢も周りの学生より6歳上です。フレッシュ感ゼロ、初めからくたびれています。

当然、内定なんてなかなか取れません。

エントリーシートを出しては落ち、面接に行けば落ち、当時はほとんどなくなっていた圧迫面接にやたらと遭遇する日々でした。

就職活動をするにあたって、すでに働いている友人に相談したところこんなことを言われました。

「営業やれ。つーか、営業以外無理」

彼は求人広告会社で働いていたのですが、彼の推察によると私のステータスで採用してくれる可能性があるのは「営業職」オンリー。

その後、私自身も人材ビジネス業界に就職することになるのですが、彼の見立ては正しく、当時、他の職種で就職活動をしていたら、内定は一社も出なかったでしょう。

そんなわけで、**営業職しか選択肢がなかった。というのが、私が明らかに向いていないにもかかわらず営業職を選択した理由です。**

朝から晩まで飛び込み営業

そんな中、とある会社に就職が決まったのですが、すぐに問題が発生します。

採用してくださった会社のご好意で、28歳にもかかわらず新卒待遇で採用していただくことができました。新卒なので、4月入社で同期十数人と研修を受けたり、同じ育成プログラムに参加します。

初期研修を終えてすぐに始まるのが、法人への「飛び込み営業研修」です。

研修といっても、2か月の間に契約書を3枚回収するノルマがあります。

新卒の時期に、飛び込み営業や名刺交換キャンペーンをする企業は、当時かなりたくさんありました。有名な求人広告会社などでは、今でも同じような「研修」を実施しているところもあるようです。

その飛び込み営業で、大きな挫折を味わいます。

朝から晩までオフィス街を歩き回ることがまず大変でした。

さらに、飛び込みで訪問して、会社説明、ヒアリング、自社のサービスの紹介などをするとなると、かなりハードルは高くなります。

当時の私は、ヘビースモーカーだった上に、学生時代も基本的には部屋に閉じこもって研究していました。

学費をアルバイトで稼いでいましたが、アルバイト内容は、国会図書館で、とある大学の創立経緯にまつわる資料をひたすら探すというインドアそのもの。

6歳も年下の同期に負けてはならじ、と頑張ってはみるものの、体力が続きません。

私が営業のテクニック以前に、体力の限界を感じている中、**同期の若者たちは続々と契約書を回収してきます。契約書回収のたびに、盛り上がるオフィス。新卒に贈られる賞賛。焦る私。**

2か月の間に、新橋の1丁目から6丁目のビルはほぼすべて飛び込み営業をしました。

汗だくでヨレヨレのスーツを着た、疲れ切った人が、ある日突然、オフィスに押しかけてくるわけです。もはや、営業というより、不審者に近かったのではないかと思います。くたびれた人が飛び込み営業しても話を聞いてくれる奇特な方はそう多くはありません。当然、ほとんど話を聞いてもらえませんでした。

当時は、スマートフォンもGoogleマップもありません。自分の位置を確認するためのツールは紙の地図だけ。おまけに私は極度の方向音痴です。

紙の地図を持って新橋のオフィスビルに飛び込み営業をするうちに、勢い余って隣の銀座7丁目にある、同業のリクルートのビルに飛び込み営業をしたこともあります。

苦戦する中、ますますむきになって飛び込み営業を敢行しますが、靴底は減り、ワイシャツの襟は汚れ、スーツのズボンは股擦れで破れ、疲労困憊。成果は上がりませんでした。飛び込み営業の途中で、靴底が剝がれて、転びそうになった時には心底打ちひしがれたものです。2か月の終盤には、歩きながら居眠りをするくらいに疲れ切っていました。

社会人、2か月目にして早くも体力の限界。千代の富士なら、引退しているところです。

結局、ノルマは未達……

ほとんどの同期がノルマの契約書3枚回収を達成する中、**同期でわずか2人の目標未達という不名誉な結果に終わりました。**

もちろん、営業パーソンとしての拙さは目標が未達に終わった大きな原因です。しかし、拙いというだけなら、同期も同じはず。

むしろ感じたのは、同期の22歳がしている「ガッツで乗り切る営業」は自分には無理だという現実でした。体力も若さもない。体力がないなら、頭を使うしかありません。

そして、**飛び込み営業を2か月間徹底してやり込んだ結果、営業という仕事にある無理・無駄を発見することにもつながりました。**

例えば、「飛び込み営業」のようにお客さんが話を聞く態勢にない状態では、売れる可能性はかなり低いことがハッキリしました。

これはテレアポでも同じこと。新規開拓で、無理やりアポイントをとったお客さんに営業をかけても売れる可能性はかなり少ないでしょう。

むしろ、売れる以前に、話を聞いてもらえる可能性自体が低い。**お客さんにとって新規開拓の飛び込み営業は招かれざる客そのものです。**

では、話を聞いてもらえる態勢にある、または、営業の話を喜んで聞きたいと思っているお客さんに出会うにはどうしたらよいか？　もし、「聞く態勢にある」お客さんに話すことができれば、契約書の回収率は格段に高くなったはずです。

もう1つのポイントは、飛び込み営業から契約書回収はかなり時間がかかること。なぜ、時間がかかるかといえば、飛び込みをはじめとした新規の営業では、信頼構築、自社の説明、ニーズのヒアリング、サービス説明、不安や疑問の払拭、クロージングまでを行う必要があるからです。

これを実行するには営業パーソンのスキルも必要です。さらに、お客さんに十分な時間がないと話を聞いてもらえない可能性が出てきます。

本来ならば、営業の実践経験を積み重ねて、スキルを身につけていくのでしょうが、残念ながら私には体力がありません。つまり、新卒の同期と同じペースで経験を積んでいくことも難しい。

お客さんに十分な時間をとってもらうには、訪問前から準備をしてもらう必要があります。つまり、**営業先で商談を始める前に勝負はついている**ということです。

もろもろ考え合わせると、とてもではありませんが、どんどんお客さんにアタックしていく「数打ちゃ当たる方式」の営業手法は選択できませんでした。

そこで行き着いたのが、「こちらから行く」のが無理なら、「来てもらう」方法はないものか？　という横着な発想です。

Part

2

お客さんと会わないダメ営業マンが前年比200%を達成!

お客さんを追いかけまわす営業は、もう止めよう

先ほどお話しした通り、私はそもそも営業向きではありません。さらに、若さも体力もない。さらにいうなら、根性も根気もありません。メンタル弱いです。営業に行って断られるとそこそこ傷つきます。

ああ、なんだか書いていているうちに自分が嫌いになってきました。

しかし、どうでしょうか？　思うに、営業をしている人全員が、営業に向いていて、若くて、体力もあって、根性と根気に満ち溢れているわけではないと思うのです。鋼のメンタルの持ち主なんて数えるほどではないでしょうか。

多くの営業パーソンが、いわゆる「営業向き」ではなく、自分からガンガン前に出て売り込むのは苦手です。ましてや、アポなしでどんどん面識のない新規のお客さんのところに飛び込めるわけではないはずです。

苦手なことをして、成果が出ないのは当たり前だと思いませんか？ 営業に向いていない人が、バリバリの営業パーソンの真似をしてもうまくいくはずがないのです。相当無理があります。

そもそも、自分からガンガン積極的に押していくスタイルの営業ができるようなら、初めから苦労はしていないわけです。

では、どうしたらいいのか？

自分から行けないのなら、お客さんの方から、来てもらう工夫をすればよい。

しかも、できるだけ「買ってくれる可能性が高い」お客さんだけに来てもらう方法であればベストです。

どうやって？　簡単です。「言葉」を上手に使いましょう。

お客さんが思わず、「話を聞かせてくれ！」「どうしたら、それを買えるの？」と受話器を取りたくなるような言葉を発信する。

これが実現できれば、お客さんを追いかけ回して押しまくる営業をしなくて済みます。

追いかける営業が無理なら、引き寄せる営業をすればいいわけです。

それでは、具体的にはどんな方法で、どんな言葉を発信すればいいのかについて、これからお話ししていきます。

欲しい人が欲しい時に欲しいモノをポンと出す

商品やサービスが一番簡単に売れる方法はなんでしょうか？

それは、欲しがっている人に、欲しいタイミングで、欲しい商品を提案することです。

もし、そんな状況が実現できたら、営業としてはとても売りやすくなりますよね。もちろん、ガンガン押せるタイプの営業でなくても、売れます。

最初にお話しした通り、私は営業向きではありません。

そんな私が営業で成果を出すために工夫したのが、「欲しい人が欲しい時に欲しいモノをポンと出す」にはどうしたらよいのか？　ということでした。

最初に勤めた会社は人材ビジネスをしている会社です。

ですから、考える必要があったのは「人材を採用したい企業」は「どんなタイミングでもっともニーズが高まるのか」。そして、どんな商品、あるいはどんなメリットがもっとも「欲しい」と感じてもらえる要素なのか？　ということです。

まず、一定以上の規模の企業であれば、どこかの段階で人材の採用をすることになります。ですから、欲しい人＝企業を探すために一定の企業規模に絞り込んでリストを作る必要があります。

さらにいえば、どんな人材が欲しいのか？　については、業種や営業スタイルを分析して見分けていきます。

つまり、**最初にする作業は「欲しい人」を見つける作業です。**

次にしなければいけないのは、「欲しい時」を捉える作業です。

社員数がある程度いれば、当然ながら辞める人が出てきます。辞める理由は様々です。定年、転職、独立、結婚、今であれば、介護などもその理由になるかもしれません。

問題は、アプローチする企業が、今まさに「欲しい」と思っているかどうかです。私の場合は、ある人材募集の媒体をベンチマークにして、企業が求人を掲載した翌日にFAXでアプローチをする方法をとっていました。

なぜ、そのタイミングがベストなのか？
理由は明白で、求人募集を始めた直後がもっとも「欲しい時」だからです。

最後に、手持ちの商品を「欲しいモノ」としてお客さんにプレゼンします。

もちろん、このプレゼンはお客さんの方からこちらに来てもらうためのプレゼンですから、興味を引く言葉をどのようにチョイスするか？　が極めて重要になってきます。

興味を引く言葉は例えば、お客さんが既存のサービスに対して感じている、不満、不審、不安を払拭したり解消するような言葉です。

例えば、求人募集でいえば、せっかく面接の日時をおさえて求職者を待っていたのに、ドタキャンされるというようなことがよく起こります。
その場合は「ドタキャンの心配はありません」というフレーズが響くでしょう。

あるいは、求人広告に先払いで多額の費用を支払ったのに、採用に失敗した企業にアプローチするなら「採用費用は成果報酬です」というフレーズが響くことが多いです。
その他、お客さんが置かれている状況や、購買経験の有無、サービスや商品の認知度などによっていくつかのバリエーションが考えられます。

いずれにしても、この場合のポイントは、あくまで「お客さんが聞きたい話からする」ということ。間違っても、お客さんがこの段階では知りたいと思っていない自社の紹介や商品・サービスの他の特徴について話し始めてはいけません。
それは、お客さんの「欲しいモノ」では、ありませんから。

また、お客さんは既存の商品やサービスに対する、不満、不審、不安ついては具体的に認識していることが多いです。

具体的に認識しているので、それらについて書かれていると文字に目が行きやすいという事情があります。ちなみに、これは人間に共通する傾向です。

脳にはRAS（網様体賦活系）という場所があって、視覚情報をフィルタリングしています。ざっくりいうと、RASの役割は視覚情報のうち関心がある情報だけに反応することです。

例えば、普段の生活のこんな場面で私たちはRASを使っています。

車の購入を検討し始めたとします。例えば「ベンツが欲しい」と思い始めると、街を歩いていてやたらとベンツを見るようになるはずです。

もちろん、突然、あなたの住んでいる街にベンツが増えたわけではありません。ベンツを頻繁に見かけるようになったのは、関心を持ったことによって、RASがベンツの情報を優先してフィルタリングを行った結果です。

関心がないと不満、不審、不安は発生しませんから、それらの言葉をお客さんの注意を引きつけやすいというわけです。

さらに、それらを解消するような提案であれば、強くお客さんの興味を惹きつけることになります。

これが、「欲しいモノ」を提示するとお客さんが反応してしまうメカニズムです。

１００人が１００人読んでしまう言葉とは、欲しているお客さんに、欲しいタイミングで、欲しいモノの在り処を教える言葉なのです。

失注は終わりではなくて、始まりです

私はメンタルが弱いです。営業に行って、失注すると心が折れます。

ですから、「なるべく断られたくない」「営業に行くなら、成約を取りたい」というのが、本音です。

ところが、営業に行って成約を取れる時ばかりではありませんよね。世の中、そんなに甘くない。

では、営業は心臓に毛が生えているようなタフなマインドの持ち主にしかできないのでしょうか？

私はそうは思いません。急に鋼のメンタルを持つことは難しくても、起こった出来事についての定義を変えることはできます。

「失注＝失敗」と、考えると心が折れますが、「失注＝見込み客リスト獲得」と考えればかなり心理的には楽になります。そして、実際に、その通りなのです。

まず、あなたに会う時間をくれて話を聞いてくれたお客さんは、どんな人たちでしょうか？　少なくとも、あなたの商品やサービスに興味を持ってくれた人だと思います。

つまり、アポイントを取れた時点で、そのお客さんは「ニーズがありますよ！」と宣言しているのと同じです。たとえ、その場では素っ気なく対応されようと、ニーズがゼロではないということになります。

むしろ、ニーズはありありです。

本当に、何のニーズもないのならアポイントなど取らせてくれません。

私たち自身が、お客さんの立場になってみるとわかりますが、「欲しい」と思っても買えないタイミングは案外多くあります。

例えば、予算が足りない、前に使っていたものがまだ使える、（奥さん、ご主人の）決裁が下りない、周囲の目が気になる、先日似たようなものを買って失敗したばかり、などなど。

理由は様々ですが、欲しくても買えないことは少なくありません。

ましてや、法人営業をしている場合には、お客さん側の社内事情や取引先との関係性などの要素も関連してきます。

ですから、**あなたの営業がうまくいっていても、お客さん側の事情で成約に至らないこともあるわけです。**

しかし、ニーズがあるなら、条件さえ許せば購入してくれる可能性は十分あります。

少なくとも、電話帳の「あ」行から順番に企業に電話をかけたり、飛び込み営業をするよりは確実に「成約確度」が高いお客さんのリストができあがるはずです。

場合によっては、問い合わせを入れてきたお客さんよりも成約確度が高い可能性もあります。

なぜなら、アポイントを入れて商談をしている時点でお客さんはコストを支払っているからです。わざわざ時間を取り、初対面の営業のセールストークを聞いています。

つまり、あなたが売る商品やサービスについて、時間と労力を割いてでも情報が欲しいということです。

断られたお客さんはあなたの「資産」

確かに、一度、失注すれば、目先の1か月の売上には貢献しないリストかもしれません。

しかし、あなたのことを忘れさえしなければ、必ずどこかのタイミングで再度連絡をくれるはずです。

購入できるタイミングは、外から見てもわかりません。タイミングがわかるのは、お客さんだけです。

でも、この失注客＝見込み客リストは中長期的にみるとかなりパワフルなツールです。

このことについては、後ほどお話しします。

とにかく、お伝えしたいのは「失注は必ずしも失敗ではない」ということです。

しかし、失注に心が折れて、お客さんを放置してしまえば失敗になります。

漫画『スラムダンク』の安西先生ではありませんが、あなたにこの言葉を送ります。

「諦めたら、そこで試合終了だよ」

失注したお客さんは、あくまで「今すぐは買わない」お客さんです。でも、「そのうち買う（かもしれない）」お客さんともいえます。

その時買わなかったとしても、わざわざ問い合わせをして「潜在ニーズがありますよ！」と宣言して手を挙げてくれたお客さんを作っていくことは、営業パーソンにとって資産を形成するのと同じです。

「資産＝お金を産むもの」

あなたは苦労してアポイントを獲得し、緊張しながら商談をして、「資産」を手に入れました。

とはいえ、今のこのご時世、「いらない」と言っているお客さんに何度も押しかける営業は熱心とはみなされません。

むしろ、ヤバいやつです。あるいは、ウザいやつ。

何度も同じ口実で、連絡してくる営業パーソンに対して世間の目は厳しいです。

なので、**「諦めない」ことと、何度もしつこく連絡したり、飛び込みで訪問したりすることはイコールではありません。**

買ってくれる見込みのない人に会うのは苦痛ですよね

これからお話しするのは、「会わない営業」のベースになっている考え方です。

ざっくりいうと、お客さんが「契約したい！」と思っている時以外、会いたくないといいうことです。

コミュニケーション上手で、華麗なセールストークでお客さんを説得することを旨としているならいざ知らず、私は営業に向いていません。

腕のよい営業パーソンのように、「お客さんに会いさえすればどうにかなる」なんてことは少しも考えていないのです。

むしろ、**買ってくれる見込みのないお客さんに会いに行くのは苦痛です。高確率で買ってくれるお客さんだけに会いたいし、そうではないお客さんには極力会いたくありません。**

そもそも、何を話したらよいかもわかりません。

腕のよい営業パーソンなら、お客さんに会いたくて、会いたくて震えるのかもしれませんが、私の場合は「会いたくなくて」震えています。

そんなダメダメ営業パーソンだった私が考えたのが、お客さんに「ナースコール」を持たせるという作戦です。

ナースコール。病院に入院すると、ベッドに漏れなく設置されている、あのナースコールです。

入院患者が困った時に、看護師さんを呼び出すのに使うナースコール。あるいは、困った入院患者が連打して看護師さんを困らせるナースコールです。

そのナースコールをお客さんに持ってもらうことで、営業効率は劇的に向上します。

そして、あなたのストレスを激減させることができるのです。

ナースコールとは何か？

では、営業にとってのナースコールとはなんでしょうか？

「お客さんが、営業パーソンを必要とする時にだけアラートを鳴らすツール」

それが、私が考えるナースコールです。

お客さんには、必要な時だけ連絡をしてもらえばよい。

そうすれば、訪問してお客さんに面倒臭そうに対応されることもないし、こちらも「呼ばれた」から訪問しているので気が楽です。

何より、「必要な時」に呼ばれているので成約率もすこぶる高くなります。

つまり、どんな商品やサービスを売っているのだとしても、あなたのナースコールが鳴るときにはお客さんのニーズは顕在化しています。

そして、購入するべきタイミングに鳴っているということ。

すでにニーズがあり、買うタイミングが来ているお客さんに呼び出されて商談の席につくことができたら、売れる可能性が高いのは当たり前ですよね。

では、そんな営業パーソンにとって夢のようなナースコールを作るためにはどうすればよいのでしょうか？

簡単にいうと3つのポイントを押さえる必要があります。

認知、リマインド、差別化。この3つです。

まず、あなたのことをお客さんが知っている必要があります。

あなたのことを「知っている」状態のお客さんとは？

そう、失注客です。

なぜ「知っている」ということが重要なのか？

なぜなら、お客さんが知らない人から、知らないものを買うことは絶対にないからです。

絶対デス。

お客さんが商品を買うプロセスは、必ず知るところから始まります。

では、あなたのことを知っている失注客からいつでも確実に連絡をもらえるのでしょうか？


実は、「知っている」だけでは、お客さんは連絡してくれません。

お客さんがあなたを必要とした時に、タイミングよく思い出してもらう必要があります。

少なくともあなたの商品・サービスについてお客さんがニーズを感じた時に、あなたのことを一番に思い出してもらう必要があります。

逆にいえば、それだけでOKです。

では、お客さんにライバルではなく、あなたを覚えてもらうには？　そして、都合よく思い出してもらうには？　どうしたらよいでしょうか？

「違い」を作ろう

1つは、他の営業パーソンと差別化することです。

差別化というと難しく感じるかもしれませんが、他の営業パーソンとの「違い」を作ればいいわけです。小さなことで構いません。

例えば、私の場合は人材紹介の営業でしたが、人材育成についての情報を集めたり、事例を収集して、お客さんに提供するようにしていました。

人材紹介の営業が、採用について知っているのは当たり前です。そして、求人情報を聞きにきたり、求人情報を見て人材の提案をしてくるのも当たり前です。

しかし、採用後の定着や活躍についての助言や他社の成功事例を共有してくる営業は当時かなり少数派でした。結果として、これが大きな差別化のポイントになったのです。

他にも、商談前にお客さんやお客さんの業界について入念なリサーチをしておくことも、有効な方法といえます。この作業をしておくと、それだけで競合他社の営業と大きな差がつきます。

お客さんの立場で考えれば、何もかも一から説明しなければいけない相手よりも、自社や業界について最初からよく知っている営業と仕事をした方がはるかに楽です。

簡単なことですが、これは大きな差別化になります。

会わずに、接触頻度を稼ごう

もう1つの差別化テクニックは、接触頻度を上げることです。

「なんだ、さっきは会いたくなくて震えてるって言ってたじゃないか！」

そう思うかもしれません。

誤解しないでください。私は、ずっと震えています。

ただ、間違ってはいけないのは、接触頻度を稼ぐのに必ずしも直接お客さんと会う必要はないということです。**会わなくても接触頻度は稼げます。**

メール、SNS、ブログ、手紙などなど、方法は問いません。

直接、会わなくても、接点を増やす方法はいくつもあることを覚えておいてください。

差別化の目的は、あなたが売っている商品・サービスとあなたの名前を紐づけることです。

紐付けに成功すると、商品・サービスにニーズが生まれるたびに、お客さんはあなたの名前を思い出します。イメージとしては、こんな感じです。

- 頭痛にバファリン
- 咳にジキニン
- 痛みに負けルナ
- ゴホンときたら龍角散

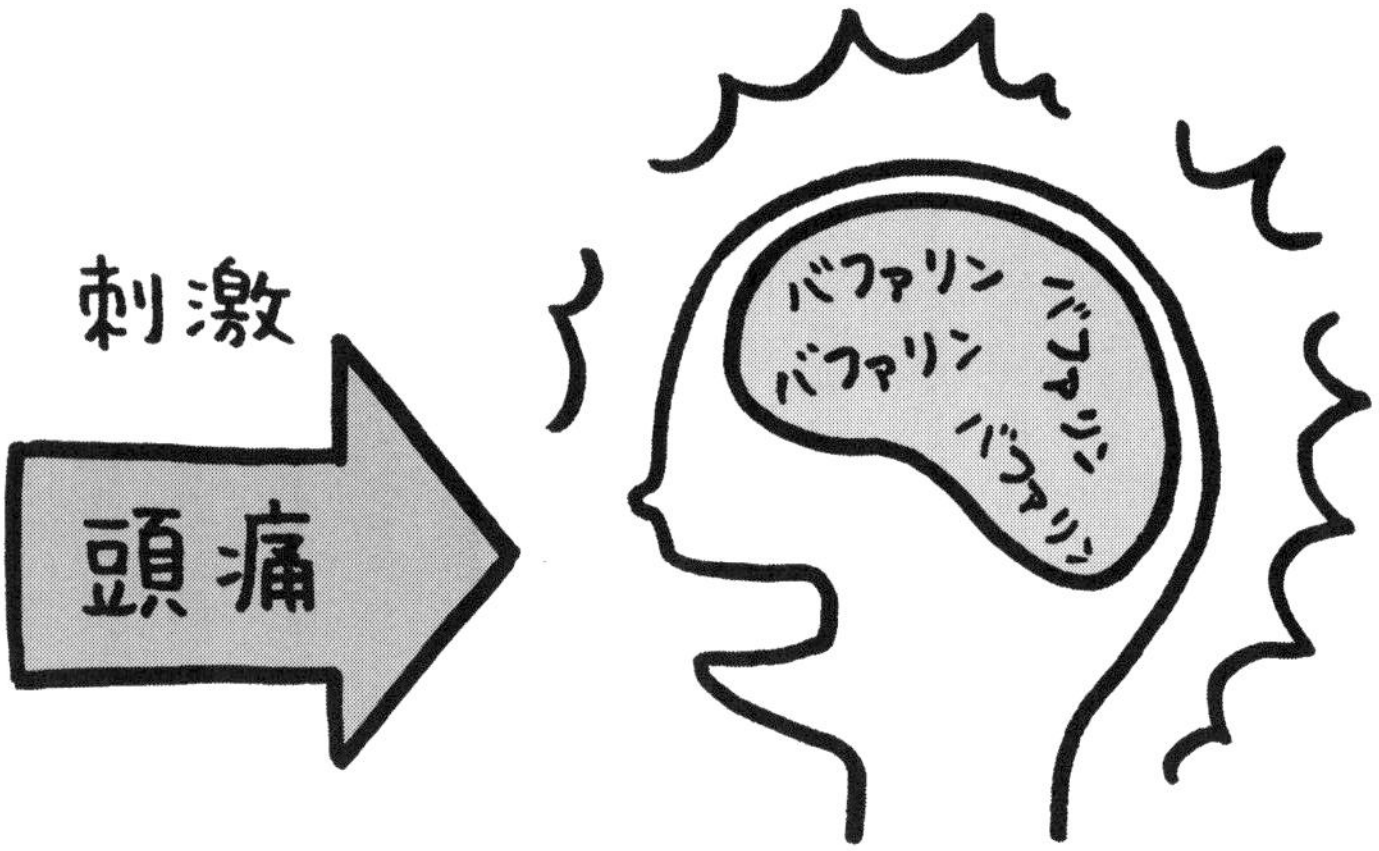

すべてなんらかの病気の症状と商品名の組み合わせです。大切なのは、ニーズと商品名が1セットでお客さんの記憶に刷り込まれていることです。

刷り込まれるとどんなことが起こるでしょうか？

例えば、頭痛になったお客さんが、ドラッグストアに頭痛薬を買いに行くなら、まず最初にバファリンを探すでしょう。

なぜなら、「頭痛」という刺激を感じた時にお客さんの頭の中は「バファリン」でいっぱいになるからです。

この時点で、お客さんが最初に思い出したバファリンを売り場で探し、手に取り、購入する可能性は高くなります。バファリンをイメージしてしまっている以上、最初に無意識に探す商品はバファリンです。

ビジネスにおけるニーズとは、お客さんの「痛み＝問題、課題、悩み」です。

お客さんがニーズを感じた時に、最初に思い出す営業パーソンがあなたであれば、仕事を受注できる可能性が格段に高まるでしょう。

例えば、こんな感じです。

- 保険といえば山田さん
- 経営コンサルなら◯◯さん
- 税金の問題なら△△さん
- 労務問題なら□□さん
- 助成金の話なら◇◇さん
- 経費削減なら××さん
- 人材採用なら今野さん

こんな形で、お客さんがニーズを感じた時に一番最初にあなたを思い出してくれれば、高確率で受注することができます。

そんな理想的な状態を作るのが、「差別化」の役割なのです。

そして、せっかくお客さんに声をかけてもらえたのですから、ニーズはきっちり満たしてください。それが、ナースのお仕事です。

リーマンショックでも前年比２００％の達成率

自分の営業力に当初から限界を感じていた私は、ナースコールを始めとした様々な仕掛けを駆使しました。

ヨーイ、ドン！ で、他の営業と勝負をしたら、まず勝てません。なにしろ、プロのコンサルタントにお墨付きをもらえるほど、私は営業に向いていないのですから。

同じスタートラインに立ったら勝てないなら、スタートラインの位置自体をずらしてしまえばいい。

敏腕営業マンと競り合って勝ち取った売上1000万円も、労力ゼロの棚ぼたで売り上げた1000万円も同じ1000万円です。

スポーツマンシップの欠けらもありませんが、そもそも営業はスポーツではありません。

2008年9月。世界的な証券会社だったリーマンブラザーズが倒産しました。その結果、世界は未曾有の大不況に陥りました。いわゆるリーマン・ショックです。

リーマン・ショックの影響で、当時、人材業界では市場規模が半分くらいになったといわれていました。

実際、求人広告や人材ビジネスの業界でも、大手も中小も、次々にリストラや内定取り消しを発表していました。まさに、人材業界冬の時代の到来です。しかも、極寒。

私が勤めていた会社でも、それまで売れていた営業パーソンが売上をどんどん減らしていきました。それはそうです。**業界規模が2分の1になったわけですから、需要は急減、売れなくなって当たり前です。**

しかし、**私はそんな中、営業成績を前年対比200%に伸ばしました。業界が2分の1になって、私の成績は2倍になっているので、業績が実質4倍になった**ようなものです。

何が起こったのでしょうか？　私の営業スキルが急に伸びたのでしょうか？　いえいえ、そんな簡単に成長したら苦労はしません。

鋼のメンタルを手に入れたのでしょうか？　いやいや、私のメンタルは相変わらずの豆腐です。

行動量が増えたんでしょうか？　相変わらず体力はありません。むしろ、下り坂です。

では、できる営業パーソンが成績を落とす中、なぜ、ダメダメ営業パーソンだった私が業績を伸ばすことができたのでしょうか？

腕のいい営業パーソンたちは、腕のいい漁師みたいなものです。彼らは、魚さえいれば自慢の腕でどんどん釣り上げます。腕もいいし、活動量も多いですから。

でも、先ほどお話ししたように、私には腕も体力もありません。

断られたお客さんは「生簀の魚」

腕のいい漁師でも魚が釣れないことがあります。それは、どんな状況か？

海に魚がいない時です。どんなに腕がいい漁師でも、魚がいなければ釣れません。

そんな中、腕の悪い漁師（営業パーソン）の私だけが以前の2倍も売れるようになったのは、彼らが釣りをしている間に「生簀《いけす》」を作り、魚を養殖していたからです。

生簀とは、ナースコールを持った過去に失注したお客さんたちのことです。

まだ購入するタイミングになっていなかったお客さんに、メールや電話、FAXなどで連絡を取り続けました。

海で魚を釣るよりも、生簀で釣りをした方が釣るのは簡単です。

そもそもスタートラインが違います。

私は腕を頼りに大海原で勝負するより、生簀で確実に成果を出す方がずっと好きです。

腕を上げるのは確かに大切ですが、生簀を作って、生簀の魚を増やし、生簀の魚を育てて、釣りをした方が釣るのはずっと楽で簡単です。

同じ数字を作るなら、私はわざわざ苦手で難しいことをするより、楽で簡単な方法をとることを好みます。

失注客にナースコールを持ってもらうという手法を手に入れることで、ダメダメ営業だった私はリーマン後、成績を200%アップして、人生で初めて社内表彰をいただくこともできました。ちなみに、当時勤めていた会社は今では上場企業になっています。

超ダメダメ営業だった私が、ライバル（というより、実力、実績ともにかなり上の人たち）がひしめく環境で成果を出せたのです。

お客さんと会えない時代でも「売れる方法」がある

つまらない話をしてすみません。ぶっちゃけ、他人の成功談だの、武勇伝だのって、聞いていて退屈ですよね。すごくわかります。

この手の話は、通常、「接待の伴う飲食店」でお金を払って、相槌のプロの女性（または男性）に聞いてもらうものです。お金を払って、この本を手にとってくれたあなたにこんな話を聞かせてしまってすみません。胸が痛いです。

でも、一応、成功談を書かないと、私の話を安心して聞けない人もいるので一応書きました。


ニーズのないお客さんからすれば、一方的に連絡をしてきた営業パーソンに無理やりアポイントを入れられるのは苦痛でしかありません。

自分にとって興味のない売り込みの電話のせいで、していた仕事を中断されたことにイライラしているはずです。

営業パーソンからの電話やアポイント依頼は邪魔でしかありませんが、お客さんが自ら連絡をくれた場合は全く話が違いますよね。

だから、ナースコールです。**私の場合は、お客さんに会うのが苦手です。だからこそ、会うことを最小限にして成約を上げる方法を組み立ててきました。**

ともかく、ナースコールを使った営業手法はあなたの役に立ちます。

新型コロナ以降はお客さんに会いにくくなっていますよね。

だからこそ、「会わない営業」の手法がより多くの営業パーソンのお役に立つのではないか？　とひらめきました。

先ほどお話ししたように、業界規模が半減したリーマンショック後に前年対比200%の成績を上げた手法であれば、お客さんに「会えない」ことで苦しむ営業パーソンにも活用していただけるはずです。

実際、私はナースコールを今でも活用しています。

そして、**新型コロナの最中に、単月売上で過去最高の数値を達成しました。**

つまり、その威力は効果実証済みです。

そして、**同じ手法をクライアントに実践していただき、同じく過去最高の成績を達成していただきました。**

実は、「よいお知らせ」と「悪いお知らせ」があります。

まず、「よいお知らせ」からいきましょう。

幸いなことに、どんな不況になっても、市場からニーズが絶滅することはありません。現に、私たちは不況でも毎日ご飯を食べて、仕事をしていますよね。

実際に、今回のコロナ不況でも業績を伸ばした会社はありますし、過去最高売上を達成した営業パーソンだって存在します。もちろん、市場のニーズの総量は減るでしょうがゼロになるはずはありません。

次に、「悪いお知らせ」です。

ただし、不況になると、リーマンショックの後のようにお客さんの数が大抵は少なくなります。

そして、お客さんの数が減ってしまうと、それ以前のように数を当たって成果を出すような手法は取りにくくなります。

むしろ、少ない商談でいかに効率よく成果を出すか？　を考えていく必要があるわけです。

その具体的なアイデアの1つがナースコールです。

お客さんがあなたのことを知って、商品についても知っていて、あなたに一目置いている状態であれば、問い合わせの段階でお客さんはあなたに発注することをほぼ決めているでしょう。

安心してください。

ほとんどの営業パーソンは、少なくとも私よりは営業に向いています。

だから、私にできたことは必ずあなたにもできます。

コロナ以降でも、お客さんに会えなくても、あなたの営業成績は上げられます。

Part

3

営業なしで、
自然に売れる状態を作る
4つのステップ

そもそもお客さんは、どうやって商品やサービスを購入しているのか？

不思議だと思いませんか。

営業パーソンは、どんどんお客さんに会いづらい状況になっています。それなのに、お客さんは相変わらず商品やサービスを購入しています。

つまり、あなたから買わなかったお客さんが、他の人から買っているということ。

たとえるならば、好きな異性に告白する前に振られているような感じです。

その一方で、**コロナ禍の2020年ですら、業績を伸ばした会社があり、過去最高の営業成績を出した営業パーソンがいるのです。なぜでしょう？**

ほとんどの営業パーソンが同じ状況に置かれているはずなのに、なぜ、そんな差が生まれるのか？

この謎を解くには、お客さんがどのように商品やサービスを購入しているのかを理解する必要があります。

謎を解いた上で、そのメカニズムを活用する方法を編み出す必要があるのです。

知って、比べて、買う

結論を言いましょう。人間の購買行動は、「認知」「比較検討」「購入判断」の3つのプロセス以外では起こりません。

Part2でもお話ししましたが、「知らんもんは買え」ません。ですから、お客さんに買っていただくためには、まず商品やサービス、あなた自身やあなたの会社について知ってもらう必要があります。

つまり、**あなたのことを知っている失注客が本当のお客さんになるのです。**

しかし、あなたのことを「知ってさえいれば」必ず買ってくれるのでしょうか？

もちろん、そんなことはありません。

お客さんは、あなたの商品やサービスを知った上で、他社の商品やサービスと比較検討

します。

　あなたが提案した商品がいいのか？　他の業者が提案してくれた商品がいいのか？　比較検討して迷っていることがほとんどです。

　ここが大事なポイントです。**お客さんは、商品を選ぶ基準を持っていません。**なぜなら、その商品については「素人」だからです。

　素人は商品やサービスを「正しく」選ぶ基準を持っていません。ですから、結果的に、知名度や価格で商品を選ばざるを得なくなります。

　実際、消費者庁によると、消費者の91・

1％が商品やサービスを選ぶときに「価格」を意識すると答えています（「消費者意識基本調査」2017年）。

「ああ、うちのサービス、ライバル社と比べるとちょっと高いんだよな……。ああ、終った。勝ち目ないじゃん」

と思ったあなた。まだ、諦めないでください。諦めたら、そこで試合終了だよ。

「消費者意識基本調査」によると、お客さんは「機能」についても88・8％、「安全性」についても82・1％の人が意識しています。

たとえ、**価格が多少高くても、「機能」「安全性」など他の情報がお客さんに伝わっていれば、あなたの商品・サービスを選ぶ余地が出てきます。**

さらに、ブランドイメージについては38・1％の人しか意識していません。

つまり、あなたの会社や商品・サービスの知名度がライバルに負けていても逆転の余地があるということです。

いやあ、理屈ではそうでも現実はそう都合よく動かないでしょ？　と思うかもしれませんが、実はそうでもありません。

例えば、私の場合は、業界最大手に比べると価格が倍くらいのサービスを売っていたことがあります。

人材紹介のビジネスだったので、お客さんに費用が発生するのは採用成立後です。採用後に支払う費用が小さければ小さいほど、企業の採用効率はよくなります。

ですから、普通に考えれば費用が安ければ安いほど、企業に自社の人材紹介サービスを活用してもらえる可能性は高くなります。

しかし、結果だけを見れば、ライバル社と営業先でバッティングしても契約を落としたことはほとんどありません。

というか、ライバル社が目の前で追い返された後、ご契約いただいたことが何度もあります。

セールスが不要になる段階を作る

もちろん、それは私の営業スキルが高いからではありません。私の営業力は相変わらず、ショボいままです。

でも、受注できてしまう。つまり、「購入」していただけるということ。

お気づきでしょうか。お客さんが、商品を「認知」して「比較検討」して購入するという話をしているはずなのに、「購入判断」についての記載が極端に少ないんです。

なぜだと思いますか？

理由は簡単です。**お客さんに「認知」してもらって、「比較検討」段階で他社より優位に立てば、自然に購入してもらえるからです。**

信用できない人のために、権威のある人の言葉を引用してみましょう。

実のところ、販売とマーケティングは逆である。同じ意味でないことはもちろん、補い合う部分さえない。もちろん何らかの販売は必要である。だが、マーケティングの理想は、販売を不要にすることである。マーケティングが目指すものは、顧客を理解し、製品とサービスを顧客に合わせ、おのずから売れるようにすることである。（P・F・ドラッカー）

おいらが言ったんじゃないぜ、どっかの偉《えれ》え先生が言ったんだぜ。という感じですが、かの有名なドラッカー先生の有名な言葉を引用してみました。

お客さんに会う機会自体が激減している場合には、「会ったらほぼ確実に売れる」という状況を作り出す必要があります。

そのためには、お客さんと会う段階では、お客さんに商品やサービスが知られ、お客さんの中で「比較検討」がほぼ終わっていて、あなたに発注する心づもりがある状態になっているのが理想です。

つまり、この段階こそ、「セールスが不要になる」段階です。

では、どんな手段でこの段階にたどり着けばいいのでしょうか？

その方法こそ、Ｐａｒｔ２でお話しした「ナースコール」の活用です。

ナースコールが誰だって普通に売れる状況を作る

まず、理解する必要があるのは、ナースコールがお客さんの購入プロセスである、「認知」「比較検討」「購入判断」にどんな影響を与えるか？　という事です。

少しだけおさらいです。72ページの図を見直してください。

ナースコールは、自分からガンガン売り込みに行くことが苦手な営業パーソンがお客さんの方から来てもらうための仕掛けでしたよね。

もっともスルッと商品・サービスが売れるのは、欲しい人が欲しい時に欲しいモノをポンと出すときです。

「欲しい人が欲しい時に欲しいモノをポンと出す」という状況を作り出すために、お客さんにアプローチを行って、その後、必要なタイミングでお客さんから連絡をもらうためにナースコールを設置します。

ナースコールというのは、すごくシンプルにいうとお客さんへの定期連絡です。

目的は、お客さんが「欲しい時＝ニーズが高まった時」にあなたに一番に連絡を入れてもらうようにすることでした。

そのために、「差別化」を行います。接触頻度を高い水準で維持して、お客さんにとって有用な情報を提供し続けると、お客さんのニーズとあなたをお客さん自身の頭の中で紐づけることができます。

そうです。**ナースコールを活用すると、差別化が自動で完了します。**

差別化ができれば、お客さんにニーズが発生して、商品・サービスを「比較検討」する段階で最初から有利なポジションを築けます。

ナースコールを設置できる段階で、「認知」はとれています。

そして、接触頻度の維持と情報提供をすることで、他の営業パーソンとあなたを差別化することができると、「比較検討」段階でもライバルの先を行けます。

ライバルが新規のお客さんにアプローチして、信頼を獲得し、なんとか取引を始めようと必死な時に、あなたは具体的な案件について相談を受けている。

それくらいのアドバンテージがあるのです。

しかも、ナースコールはお客さんがあなたに連絡を取るためのホットラインとしても機能します。

つまり、**ニーズが十分に高まったタイミングで、あなたやあなたの商品・サービスについて理解し、信頼してくれているお客さんから一番に連絡が来るということ。**

こういう状態で営業ができたとしたら、会えなくても、誰だって普通に売れるんです。

凡人の、凡人による、凡人のための営業戦略

見栄を張りました。実際のところ、私の営業適性は凡人以下です。

だからこそ、思うのですが、優れた営業パーソン以外は成果を出せないような手法には無理があると思います。

もちろん、特定の誰かがどうという話ではなくて、「あれもこれも、なんでもできては

じめて一人前」みたいな感覚でいると、必要な成果にたどり着くまでに時間がかかりすぎると思うのです。

会社員時代の話ですが、当時はこんな感じでした。

- アポが取れない→営業パーソンのテレアポが足りない
- 契約書の回収が足りない→営業パーソンのスキルが足りない
- 売上が上がらない→営業パーソンの努力が足りない
- 顧客が流失した→営業パーソンがフォローをサボった
- ライバルとの競争に負けた→営業パーソンの力量不足
- 値下げを要求された→営業パーソンの顧客の握りが弱い

いや、まあ、そうかもしれません。売上の一番近くにいて、売上の責任を問われやすいのは営業パーソンです。しかし、このような見方は、少々、営業パーソン個人の力量に依存しすぎなように思います。

確かに一部のスーパー営業パーソンであれば、この種の問題すべてをクリアして業績を上げ続けるのかもしれません。

しかし、世の中の営業パーソンの90％は普通の人たちのはずです。そして、中には、私のように凡人以下の人もいるでしょう。

だとすれば、**スーパー営業パーソンを基準に営業戦略を考えるのは無理があります。**

確率的にごく少数のスーパー営業パーソンを基準に戦略を立てたら、ほとんどの会社で狙った成果は出せないはずです。

ナースコールを活用して、お客さんの「認知」「比較検討」「購入判断」のプロセスに入り込み、確実に購入される見込みでお客さんから連絡をもらう戦略は、まさに凡人の、凡人による、凡人のための営業戦略なのです。

「認知」「比較検討」「購入判断」をショートカットする

とはいえ、なるべく早く結果を出したいというのが人情ですよね。よくわかります。

今までお話ししてきた「認知」「比較検討」「購入判断」のプロセスに介入する方法って、時間がかかりそうですよね。

実際、ナースコールだけではそれなりの時間がかかります。

魚の養殖と同じで、時間と手間をかければ確実にお客さんも育ちます。

逆に、魚を養殖していて、餌をあげたら翌日には2倍とか3倍に魚が育っているとしたら、確実におかしなものを食べています。

危ないので、その魚を食べるのはよした方がいいです。多分お腹を壊します。もしくは、食べたあなたも翌日2倍くらいの大きさに成長しているかもしれません。

ところが、魚と違って、お客さんの購入意欲については短期間で育てることが可能です。「認知」「比較検討」「購入判断」というプロセスに関してはショートカットすることができるんです。こんな方法を使います。

メール→ランディングページ→Webセミナー→Web面談

シンプルですよね。これから、それぞれの手順について順番に説明していきます。

会わないで売れる！ ステップ①「メール」

メールには大きく3つの役割があります。

①信頼関係構築
②ニーズの喚起

③ランディングページへの誘導

メールの役割 1「信頼関係構築」

1はあまり難しくありません。メールを定期的に送り続けることで、お客さんにあなたの名前を覚えてもらうことで達成できます。心理学に単純接触効果というものがあるので、それを活用します。

単純接触効果というのは、簡単にいうと人間は頻繁に会う人に対して好感を持ちやすいということです。

想像してください。年に2〜3回、しかも、売上が苦しい時にだけ連絡をよこす営業パーソンと、定期的に情報提供をしてくれる営業パーソンがいたら、あなたならどちらに信頼を寄せますか？

あなたが相当なひねくれ者か、前者の営業パーソンとの間に強固な人間関係がない限りは、おそらく後者の営業パーソンを選ぶはずです。

メールの役割 2

「ニーズの喚起」

次は2です。1つ注意点があります。間違っても、いきなり売り込みを始めてはいけません。商品やサービスはあくまで、お客さんの悩みや痛みの解決策として提案される必要があります。

ですから、ここですべきことは、お客さんに「ニーズ」に気がついてもらうことです。

例えば、今、お客さんの周りで発生している様々な問題について、専門家の見地から解説する。あるいは、これからお客さんの周りで発生するであろう問題について先回りして伝えるという方法が有効です。

直近の事例では、2020年の2月の時点で「営業パーソンがお客さんに会いにくくなる」という状況が予想できましたので、私のメルマガでは注意喚起と、どんな対策をとるべきか？　について解説を書いていました。

私の場合は、セールスライターや経営コンサルタントとして仕事をしていますから、その見地から解説と注意喚起を行ったわけです。

もしかすると、「そんなことを言われても、書くことがないんだよな」と思っている人もいるかもしれません。

安心してください。誰にでも、お客さんに対して伝えるべきことはあります。

ポイントは、商品・サービスのプロであるあなたには見えている近い将来の状況は、お客さんからはほとんど見えていないということです。

あなたの業界に関すること、あなたのお客さんに関すること、市場に関すること、などなど、どんなジャンルでもプロならではの観点から解説できることはあります。

目的はニーズ＝お客さんの悩みや課題に気がついてもらうことですから、その観点で内容を考えてみてください。

メールの役割

3「ランディングページへの誘導」

メールの3つ目の役割はシンプルです。2つ目の役割で、ニーズを喚起したお客さんに、ニーズを満たすための情報提供の場があることを教えてあげるだけです。
つまり、メールにランディングページのURLを貼り付けてあげるだけでOKです。

メールの送り先は、過去に失注したお客さんです。

新たにメールアドレスを集めなくても、ある程度の期間、営業活動をしていれば失注したお客さんの名刺をたくさん持っているでしょう。

営業活動というのは、ほとんどの人にとって受注よりも失注の方が多い。業界によっては、「千ミツ」といって1000件アプローチしても3件の受注しか取れないといわれているくらいです。さすがに、これは非効率すぎますが、とにかく受注よりも失注が多い。

さらに、営業パーソン個人だけでなく、部署単位で考えれば、かなりの数のメールアドレスを持っているはずです。

過去の資料問い合わせなどで獲得したメールアドレスもすべて送信先になりますから、アプローチできる先は膨大にあります。

今回、活用するのはその失注したお客さんのメールアドレスです。

会わないで売れる！
ステップ②「ランディングページ」

ランディングページの役割は、ずばりWebセミナーにお客さんを誘導することです。ですから、セミナーの内容、開催日時、参加方法、申込方法を必ず記載しておく必要があります。

作り方の詳細についてはPart4に譲りますが、ランディングページでもっとも大切なことは、お客さんに申し込みボタンがある場所まで読み進めてもらうことです。凝った表現をするよりも、お客さんにとって興味を持てる内容であること、そして読みやすい文章を心がけることが大切になります。

といっても、**悩まなくて大丈夫です。お客さんに話すように書けばいいだけです。**

後でも説明しますが、**ランディングページを作るのに特別な技術は必要ありません。**

一昔前なら、ランディングページを作るために、デザイナーやコーダー（デザインをコンピュータのプログラムに直す人）などが必要でした。

しかし、**今は「ペライチ」などのサービスを使えば、デザインやコーディングのスキルがなくても簡単にランディングページが作れます。**「ペライチ」は直感的に操作がわかる手軽なランディングページ作成ツールです。

ですから、「パソコンはちょっと苦手で……」という方も安心してください。

お客さんと会えない時代では、あなたの代わりにお客さんに語りかけるランディングページが必須となります。

会わないで売れる！ステップ③「Webセミナー」

「セミナー」という単語を見て、本を閉じようとしたあなた。ちょっと、待って、早まらないでください。誤解です。あなたは普段もっと難しいことをこなしているんですよ。

Webセミナーで話すよりも、普段の営業の方が100倍難しいです。なぜか？

普段は、お客さんと営業という関係性でお客さんに話を聞いてもらわなければいけませんよね？　でも、セミナーであれば、あなたとお客さんの関係は、先生と生徒になります。

あなたが先生で、お客さんが生徒です。


しかも、Ｗｅｂセミナーの告知を見てお客さんは申し込みます。

つまり、お客さんはあなたの話が聞きたくてパソコンやスマートフォンを見ているのです。この時点で、何とか話を聞いてもらうために四苦八苦している普段の営業よりかなりやりやすいはずです。

しかも、Ｗｅｂセミナーなら、あなたがお客さんに伝えたいことを伝えたい順番に話せる上に、最後まで話を聞いてもらえます。


もしかすると、大勢の人の前で話すのが苦手な人もいるかもしれませんが、**幸いＷｅｂセミナーで話す時は、リアルのセミナーで話すよりもプレッシャーはかなり小さいです。**

お客さんはあなたの話を聞くために集まっていて、話す内容は自分で決められるし、プレッシャーも少ない。

これが、Ｗｅｂセミナーです。

さらに、**一度に複数のお客さんに同時に情報を伝えられますから、営業効率も格段にアップします。**

そして、今回は「認知」「比較検討」「購入判断」をショートカットする流れでお話をしているので、Webセミナーの役割はとても重要です。

十分な期間、ナースコールに接していれば、ナースコールがお客さんからあなたが選ばれる理由になります。しかし、接触頻度が十分でない場合は、このWebセミナーが、お客さんがあなたを選ぶ理由を作る場になるのです。

会わないで売れる！ステップ④「Web面談」

Web面談も特に構える必要はありません。普段、会社のミーティングで使っている、Zoomなどのweb会議システムを使ってお客さんと商談をするだけです。

Web面談では、あなたは基本的に聞き役に回ってください。

Web面談であなたがするべきことは、お客さんの課題を整理すること。

そして、課題の解決策としてあなたが売っている商品・サービスを提案することです。

提案をした上で、お客さんが感じる不安や、個別の要望に対応していけば自然と契約が成立します。


以上が簡単ですが、Webセミナーを使って成約を上げていく流れです。

この方法の利点は、セミナーを挟むことによってお客さんにお客さん自身のニーズと商品の選び方を短時間で伝えられることです。

Webセミナーをすっ飛ばすのも可

なんですって？　Webセミナーなしでなんとかしたい？

あれほど、Ｗｅｂセミナーは簡単だとお話ししたのに、Ｗｅｂセミナーすらやりたくないんですか？

それはいくらなんでも、手を抜きすぎなんじゃないでしょうか。

だいたい、そんなうまい話が……

あるんです。

簡単にいうと、メール（ナースコール）に時々、商品やサービスの提案を挟んでください。

流れとしては、こんな形です。

メール（本文または追伸にＷＥＢ面談の問い合わせ用のＵＲＬを入れる）↓お客さんからのお問い合わせ↓ＷＥＢ面談↓成約
これもシンプルな流れですよね。

ＷＥＢセミナーと違って、お客さんが商品やサービスを購入するために必要な情報をまとめて伝えることができないので、効率はやや落ちますが、売り込みをしなくても問い合わせが来て、売上が立つ点でとても楽な方法です。

この場合は、メールの最後に「お問合わせ」フォームへのリンクを貼りつけてしまえばOK。

バリエーションとして「お問合わせ」の代わりに「個別相談会」「内覧で希望の方はこちら」「デモのご依頼はこちら」などがあります。

どの表現がもっとも反応がいいか？　ぜひ、試してみてください。

Part

4

あなたの代わりにお客さんにセールスするWebページを作る

お客さんに話していることを文字にするだけ

残念ながら、対面営業主体の時代はもう来ません。

なぜなら、コロナ禍によって社会全体が「あれ？　会わなくても仕事って成り立つのね」と気がついてしまったからです。

結果として、すべての営業パーソンがランディングページを持つ時代がきます。

しかし、あなたが文章を書くのが苦手でも大丈夫です。

特に最初のうちは、お客さんに話す内容をそのまま文字にしてください。

そもそも、いわゆるコピーライティングの技術は別名「セールスマンシップ・イン・プリント（Salesmanship in Print）」。つまり、印刷された営業パーソンという意味です。

つまり、営業パーソンが話していることを印刷したものがコピーライティングです。

ですから、肩に力を入れて文章を書こうとする必要はありません。話している内容を文字起こしする感覚でいてください。

さて、このパートでは、セミナーに誘導するためのWebページの作り方についてお話しします。

セミナーに誘導するページというのは、いわゆるランディングページ（LP）というものを指しています。

「なんとなく、ランディングページという単語は聞いたことがある」という人は多いのではないでしょうか。

今こそすべての日本国民に問います。ランディングページって何？

ランディングページが何かも知らずに、「あのランディングページ、イケてるよね」やら、「LPってガスのこと？」やら、「LPのほかに、SPとEPもあるよね」やら、「ランディングページって食べられるの？」やら、と言っている日本国民のなんと多いことか。

でも、富ちゃんは知っています。

ランディングページとは、一言で言うと「コンバージョン」をとることを目的としたWebページのこと〜。


多分、読んでいないと思いますが、NHKの方ごめんなさい。


さて、聞き慣れない単語が出てきましたね。

「コンバージョン？」と思ったあなた。大丈夫です。私もそういうところからスタートして、今は偉そうに本なぞ書いております。

「それくらい知ってるわ！」と思ったあなた。お願いだから本を閉じないでください。そして、少しだけお付き合いください。


まず、コンバージョンというのは、英語で「転換」という意味です。

例えば、問い合わせを得るために書かれたランディングページでいえば、コンバージョンはすなわち「問い合わせ」です。

今回の話でいえば、Ｗｅｂセミナーに申し込んでいただければコンバージョンが取れたことになります。

逆にいえば、コンバージョンが取れるならどんな方法でもいいということ。

もちろん、法的、倫理的に問題ない範囲であればという但し書き付きです。

実は、ランディングページの作り方にもいろいろなバリエーションがあって、すべてを伝えようとするととても本一冊では収まらない情報量になります。

なので、**今回は営業パーソンが使いやすいようにシンプルで使いやすい書き方に限ってお話をしたいと思います。**

戦略上の失敗は戦術的な勝利で挽回することができない

難しそうな見出しですみません。でも、一度、このフレーズを使ってみたかったんです。

ほんの出来心です。なので、それ以上、突っ込まないでください。

それはともかく、ランディングページを書く前に必ず踏まえておいていただきたいのがこの考え方なのです。

というのも、どんなにランディングページを書く技術が高くても、「なぜ」「誰に」「何を」売るか？　という戦略の部分で失敗しているとよい結果は出ません。

ランディングページというのはどちらかといえば「戦術」。

つまり、「どう売るか?」という方法論です。

ですから、「なぜ」「誰に」「何を」の時点でしくじっているなら、「どう売るか?」の部分でどんなに頑張っても挽回は難しい。

逆に、「なぜ」「誰に」「何を」で成功していれば、「どう売るか?」の部分で多少失敗しても十分挽回できます。

もっといえば「どう売るか?」の部分は下手くそでも大丈夫です。

文章を書くのが苦手だと感じている人も安心してください。

個人的には、営業パーソンこそランディングページを書くのにもっとも向いているとさ

え思っています。

なぜなら、「なぜ」「誰に」「何を」「どう売るか？」を日々考えてお客さんと話をしているのは営業パーソンだからです。私自身が元営業パーソンで、しかもダメな方でした。

さらにいうと、**ランディングページを書くのに文才は必要ありません。**

むしろ、文章を書こうと意気込まないでください。

力んで文章らしい文章を書くと、失敗します。

あたかも話しているように書く方が、あなたの言いたいことはお客さんに伝わります。

ランディングページはワンパターンでいい

ワンパターンでいいです。本当です。

もちろん、あなたがセールスライターとして、いろんなお客さんのランディングページを書く仕事をするならいろんなパターンを覚える必要があります。なぜかといえば、売る商品によってバリエーションを持っていた方が有利なことが多いからです。

しかし、今回はセミナーに誘導するのが目的ですから、そのための**書き方は1つ知っているだけで十分通用します**。

むしろ、その1つのパターンを使い倒してください。

どんな作業でも同じですが、同じ作業を繰り返し練習すれば誰でも短期間でスキルは向上するものです。むしろ広い範囲のことを覚えようとする方が、時間も労力もかかります。

さあ、早速書いてみましょう！

レッツ、トライ！　と言いたいところですが、1つ残念なお知らせです。

いきなり書くな

書けと言ったり、書くなと言ったり、話が二転三転してすみません。

ランディングページは、間違ってもいきなり書き始めないでください。

それをやるとまず売れません。

まず、大まかな流れは、今回は私が極力シンプルなテンプレートをご提供するので、それを参考に書いていただければＯＫです。

それよりも大切なのは、事前のリサーチです。

ＬＰの文章の大まかな流れを構成するために情報を集める必要があります。

参考までに私が普段どんな内容をリサーチしているのか？　をお伝えします。

①自分が提供する商品
②お客さんの悩み・課題・ニーズ
③競合企業が提供している商品・サービス／ＬＰでの訴求内容
④世の中の空気感

詳しくやろうと思うと、他にもいろいろありますが、少なくともこれくらいは調べた方がよいと思います。営業活動をしながら、ランディングページを書く方も多いと思いますので、営業活動にそのまま応用できそうなポイントに絞って今回は紹介します。

さて、4つあげたリサーチ項目についてそれぞれ解説していきたいと思います。

1「自分が提供する商品」

自分の商品に関して、価格、提供内容、それぞれのメリットやデメリット、お客さんがそれを買うことでどんな未来を手に入れることができるのか？　逆に、買わないことでどんなリスクを負うことになるのか？　などなど、詳しく語れることがとても大切です。

2「お客さんの悩み・課題・ニーズ」

売れないランディングページの特徴の1つに、ひたすら売り込んでいること、があります。売り手の言いたいことだけを書き連ねてあるのです。

書いてあるのは自慢話とか、商品の素晴らしさとか、本当かどうかわからないお客さんの声とか、そんなことばかり。

自分の主張ばかりをして、話を聞いてもらいたいなら、お金を払って「接待の伴う飲食店」に行けばいいのにと思います。そんな話は誰も聞きたくありません。

接待のプロの人たちが、お金をもらっていやいや聞いている話を、お金を払う側のお客さんに聞かせてもあからさまに嫌な顔をされるだけでしょう。

少なくとも、そんなランディングページを読んでお客さんはセミナーに申し込んだりはしません。

大切なのは、あなたが開催しようとしているセミナーが「自分の課題を解決してくれるものである」とお客さんに信じてもらうことです。

そのためには、当然ながら、お客さんの悩み、課題、ニーズを熟知している必要があります。

調べる方法は様々ですが、もっとも簡単なのがお得意さんにヒアリングすることです。

関係性ができていれば、本音に近いことを聞かせてくれる可能性が高いからです。

また、現在のお得意さんに性質が近いお客さんに共感してもらって、実際に集めることができれば売上に貢献してくれる可能性は極めて高くなります。

できれば、発言内容を音声か文字で正確に記録してください。

なぜなら、**発言の中に登場する具体的な単語や言い回し、発言のニュアンスなどがランディングページ作りに大きく貢献する**可能性があるからです。

実際に、お客さんの発言内容をそのままランディングページの見出しに使ってかなりよい反応があったことが何度もあります。

3 「競合企業が提供している商品・サービス／LPでの訴求内容」

競合が何を主張しているかを知っておくことは重要です。

ジャンケンみたいなものだと思ってください。しかも、ランディングページの文章を書くための作戦では、「後出しジャンケン」が可能です。

すでにランディングページを展開しているライバルの主張を見て、「後出し」しましょう。

簡単にいうと競合と同じ主張をすれば、お客さんを獲得するための競争は激しくなります。また、競合が大手や有名企業である場合は、あなたが不利な立場になることもあり得ます。

逆に、あなたが大手や有名企業の営業パーソンで、ライバルが相対的に弱いのであれば相手が主張する内容に近い主張を展開すれば、簡単に競争に勝つこともできます。

今回は、小難しい競争戦略の話はしません。

逆に、**あなたが市場で相対的に弱者といえる企業の営業パーソンなら、強者とは真逆＝アンチのポジションを取るか、強者よりも優越しているポジションを取るか、強者が気がついていない「隙間＝ニッチ」のポジションを取る必要があります。**これらは弱者の戦略です。

いずれにしても、競争している市場での自分の立ち位置を把握しておく必要があります。

同じような商品・サービスを売っているライバルがどんな主張をしているか？を分析した上で、ランディングページで主張する内容を決めていく必要があるのです。

最初から、後出しジャンケンなのに、わざわざグーに対してチョキを出したり、パーに対してグーを出す必要はありません。

4 「世の中の空気感」

「営業なのに、ノリが悪い」
ああ、心が痛いです。思えば、私は常にそういう立ち位置でした。心の古傷が開きます。
私は、宴会でノリで騒いでいる人たちを、柱の影からそっと見ているタイプの営業パーソンでした。そもそも、営業に向いていませんから。

それはともかく、ランディングページ用の文章を書くなら、世の中の空気について知っておくのは重要です。私は宴会や、会議で空気を読むのは面倒なのでしませんが、ランディングページでは別です。

なぜ、世の中の空気を読むことが重要なのか？　というと、**ランディングページが世の中の空気感とズレると反応率が大きく下がることがあるからです。**

例えば、「社長がいなくても会社が勝手に回る」というコンセプトの商品を売っていた時期があるのですが、この商品の訴求内容やイメージはある時期を境に全く違ったものになりました。

この商品の想定顧客は経営者です。

そして、商品が提供する価値は「社長がいなくても会社が滞りなく運営されること」、その結果として社長が不安やストレスから解放されることでした。

商品を販売し始めた当初は、社長が操り人形を動かしているようなイメージで商品を販売してかなりよい成果を出していたんですが……。

ある事件で世の中の空気が一変して、全く売れなくなります。某大手広告代理店で、新入社員が過労自殺した事件です。

この事件をきっかけに、「操り人形」のイメージは全く受けないどころか、否定的な評価を集める結果になりました。

これが世の中の空気と訴求内容がズレた時に起こる典型的な現象です。

ちなみに、この商品自体はその後、訴求内容やイメージを変更することで順調に販売を伸ばすことができました。

もちろん、「操り人形」とは全く違うコンセプトの訴求やイメージです。「空気」を読まずに、以前に売れた内容で訴求を続けていたら、間違いなく商品は売れなくなっていたでしょうし、お客さんからの信用も失ったはずです。

ランディングページを書くためのリサーチ内容はこの４つのポイントでした。

① 自分が提供する商品
② お客さんの悩み・課題・ニーズ
③ 競合企業が提供している商品・サービス／ＬＰでの訴求内容
④ 世の中の空気感

ランディングページでの訴求は、お客さんを目の前にして行うセールスとは違う点があります。

お客さんの表情はわかりませんし、お客さんの機嫌を損ねてもその場でフォローすることはできません。ですから、文章を書く前に、この４つを意識して書き始めましょう。

Part

5

あなたの代わりに売ってくれるWebページのテンプレート

万能のランディングページ用テンプレート

さあ、ここからが実際のランディングページの作り方です。

まずは、「ペライチ」の無料会員登録を済ませてください。

次に、テンプレートを選択して実際に文章を打ち込んだ後、「ページ情報編集」で設定を公開にすればランディングページがＷｅｂ上に公開されます。


ランディングページの公開そのものは、お話ししたように極めて簡単にできますから、このパートではＷｅｂページに打ち込む文章の書き方を詳しくお伝えします。


万能テンプレートの中に「見出し」というパーツが出てくるのですが、ランディングページを作る上では「見出し」が重要になります。その理由は後述。

まずは、基本のテンプレートの流れを説明します。

ランディングページのテンプレートの流れ

1	ヘッダ
2-a	リード（エピソード）
2-b	リード（問題提起）
3	フューチャーペーシング（ネガ）
4	解決策の提示＝商品プレゼン
5	ベネフィットの提示
6	フューチャーペーシング（ポジ）
7	特典の提示
8	価格のプレゼン
9	まとめ
10	行動の呼びかけ
11	追伸・追追伸
12	登壇者のプロフィール・会社概要

流れとしては前のページの内容です。一見、複雑そうに見えますが、話の展開をセールストーク的に考えるとこんな感じです。

1　ヘッダ

ヘッダでつかんでお客さんに話を聞く態勢になってもらいます。

このパートが重要なのは、お客さんは「見出し」を見てそのページを読むかどうか？を判断しているからです。判断に要する時間は0・2秒くらいです。瞬きするほどの時間で、注意を引く必要がありますから、ヘッダはなるべくわかりやすくするのが大切です。

2-a　リード（エピソード）

リードで興味を高める小噺でお客さんを話に引き込む。簡単なストーリー＝エピソードを挟めると興味を惹きやすいです。

もちろん、セミナーで解決する問題に関連した話にします。営業の現場で、他のお客さんの事例やエピソードを話すことがあると思いますが、それに似たニュアンスだと思ってください。

2-b　リード（問題提起）

リードでもう1つ有効なのは、お客さんの心の声を代弁するパターンです。

普段、営業活動をしている人であれば、この方法の方が使いやすいかもしれません。私もダメ営業パーソンだったとはいえ、営業だったのでこちらのパターンを使うことが多かったです。

問題を提起して、お客さんの注意を喚起する。リードで話したストーリーを踏まえて「御社でも、そんな問題ありませんか？」という問題提起につなげます。エピソードをお客さんにとっての「自分事」にしてもらう役割です。

※リードはaかbをどちらか選んで使いましょう。

3　フューチャーペーシング（ネガ）

フューチャーペーシングというのは、未来についてお客さんに想像してもらう作業です。フューチャーペーシング（ネガ）で、問題を放置すると「訪れるであろう」好ましくない未来について想像してもらいましょう。

4　解決策の提示＝商品プレゼン

ここでは、お客さんに問題解決の方法として、セミナーを提案し、内容を説明します。セミナーの話す内容を箇条書きにして提示するとよいです。時間、参加方法、参加可能人数などもここで伝えることもあります。

5　ベネフィットの提示

セミナーに参加することでお客さんが得られる価値を伝えます。「〇〇できるようになるでしょう」というように、お客さんに起こる変化を伝えるのがわかりやすいです。

6　フューチャーペーシング（ポジ）

フューチャーペーシング（ポジ）のパートでは、「〇〇できるようになる」とどんなよいことがお客さんに起こる可能性があるかを伝えます。ネガティブなフューチャーペーシングで沈んだお客さんの心を「救って」あげてください。

7　特典の提示

特典の提示では、セミナーに参加者特典をつけた場合にその内容を提示します。このパートの役割は、セミナーについて「よさそうだな」と感じたお客さんの背中を押すことです。

8　価格のプレゼン

価格を提示します。無料セミナーの場合は無料であることを伝えてください。セミナーの価値が十分に伝わっていれば、大抵は費用は妥当だと感じてもらえます。無料の場合は「無料でいいの?」と感じてもらえれば成功です。

9　まとめ

このパートでは、セミナーで得られるベネフィット、特典の内容がどれほどの価値があり、その価値に対して割安に参加できることを伝えます。「価格のプレゼン」と順番を逆にすることもあります。

10　行動の呼びかけ

「ボタンをクリックしてください」「今すぐお申し込みください」「お申し込みフォームに

必要事項を記入してください」など具体的にお客さんに取ってほしい行動を書きます。

結構多いのは、お客さんが申し込むためには結局何をしたらいいのかがわからず離脱してしまうことです。また、申し込みの締め切りなどもここで提示しておくといいでしょう。締め切りをつけた方が、断然申し込み率は高くなります。

11　追伸・追追伸

実は重要なパートです。ヘッダの次に読まれる可能性が高いです。なので、気を抜いてはいけません。

ここでやっておきたいことは、大きく2つです。

1つは特典などお得な要素を再度アナウンスすること。もう1つは、参加人数に限りがあることや締め切りがあることをアナウンスすることです。

12　登壇者のプロフィール・会社概要

これはどちらかではなく、できれば両方提示してください。ただし、登壇者が社長さんである場合にはプロフィール中に会社創業の情報を追加すればOK。著書がある場合は書名を盛り込むと信頼度がアップします。このパートのミッションは、「お客さんが、このセミナー面白そうだけど、本当に価値があるのかな?」という疑問を打ち消すことです。ですから、信頼性を高める情報を最後に持ってきます。

下敷きをなぞれば、誰でも早く、うまく書ける

以上が、今野式万能ランディングページテンプレートになります。

これをベースに考えていけば、おおよそ外さないはずです。


このテンプレートは、私が短時間でランディングページを書くときに使っています。

ランディングページの書き方のパターンはいくつもあって、その気になればいくらでも詳細に説明できます。が、聞きたいですか? そんな説明。正直、ウザくない?

「とりあえず、すぐ使えるやつを教えてよ」というのが、ほとんどの読者の方の本音だと思うのでシンプルバージョンをご紹介しました。

もちろん、アレンジしていただいてOKです。

話題や切り口によって、「もっと、こうやって伝えた方が伝わりそう」ということもあると思います。

大切なのは基本の構成を知っておくことで、最低限必要な基本の形を作れることです。基本を知った上でアレンジすれば、ゼロからランディングページの内容を書き上げるよりも圧倒的に早く簡単に仕上げられます。

テンプレートを応用してランディングページを書いてみましょう

これから、先ほどご紹介したテンプレートの流れを使ってランディングページを書いてみます。

セミナーに誘導することを目的に書きますから、必要な箇所で要素を入れ替えれば、保険営業、不動産営業、士業、コンサルタントなど、様々応用できます。

それでは、早速、書いてみましょう。

〈ヘッダ〉

新聞、雑誌、テレビ、オンラインメディアに掲載多数！

中小企業がコスト3万円でたった1日で2，836，690人に告知する方法

〈リード（問題提起）〉

From 今野富康

「コロナの影響もあって、集客がうまくいかない」
「客足が目に見えて落ちている」
「広告を出しているが、コストの割に結果が出ない」

「その結果、売上の減少に歯止めがかからない」

もし、あなたがそう感じているなら、5分ほどお時間をください。

きっと、私の話を聞いていただければ、その悩みは解決します。


新型コロナウイルスが拡大した影響で、多くの企業が不況に喘いでいます。例えば飲食業界では8万人以上の人が職を失いました。

他の業界でも、派遣社員の多くが契約終了や雇用の打ち切りにあい、正社員の早期退職を募っている大企業もあります。

どこの企業でも、コストを削減しつつコロナ以前の業績を回復する必要に迫られています。

ところが、今までの集客手法だけでは状況を改善できていない。というのが、多くの企業の現状です。


〈フューチャーペーシング(ネガ)〉

このままの状況が続けば、売上の減少が続いたり、売上がコロナ以前の水準まで戻らないことが起こり得ます。もっとも恐ろしいのは、景気が回復する前に自社のキャッシュフローが尽きてしまうことかもしれません。

それを避けるために、コスト削減や断腸の思いでリストラを決断する人もいるでしょう。今までと同じ方法では、「未曾有の危機」であるこのコロナ禍を乗り切るのは難しいかもしれません。

しかも、サブプライムローンが破綻したときのことを思い出してください。本当に深刻な影響が出たのは事件の2～3年後でしたよね。今回もそうなる可能性が高い。

つまり、今、経営状態が思わしくないということは2～3年後はもっと危機的だということです。すぐにでも対策が必要です。

しかし、この不況では広告費を湯水のように使うのは無理な話です。

〈解決策の提示＝商品プレゼン〉

広告コストは中小企業には高すぎる……。

そこで、ご提案したいのが「プレスリリース」の活用です。

プレスリリースというのは、「メディア向けの情報配信」のことです。

メディアに、あなたの会社の情報を取り上げてもらえれば、たった1回の情報配信で、数万、数十万、数百万の人に届けることができます。


集客がうまくいかない、客足が遠のく、広告がうまくいかない、その結果、売上が減少するのは、煎じ詰めると「認知度が足りない」という原因に行き着きます。

言い換えると、あなたの会社が提供している商品・サービスがどんなに素晴らしくても、お客様が知らなければ売れないということ。

それ以前に、お客様は知らなければ「検索」もしてくれません。

新たなお客様に知ってもらえば活路が開ける。

コロナ禍で、あなたの商品・サービスをよく知っているはずの既存のお客様からの売上が思うように伸びないとしたら、今は「まだ、あなたの商品・サービスを知らない」新規のお客様により広くアプローチする必要があるのではないでしょうか。

ただし、できるだけ低コストで効率的に。

その方法が、メディアに情報を配信し、無料で掲載してもらえるプレスリリースという方法なのです。

そこでご提案があります。

プレスリリース活用の無料・個別相談会を開催します。

お申し込みはこちらから

相談会で得られることは、

- あなたの商品・サービスがメディアに取り上げられやすくなるためのアドバイス
- 過去にプレスリリースで成果を出した企業の事例紹介
- どのプレスリリースサイトを使えばよいのか？　のアドバイス
- 中小企業に特有のプレスリリース攻略法の解説
- あなたのビジネス上のゴールに即したプレスリリース活用法
- 一般的なプレスリリースの成果はどの程度か？

などなどです。

こうした情報が揃っていれば、経営者なら安心してプレスリリースを活用できます。

今、会社に所属している人なら、上司の「絶対に成功するのか？」「リスクはないのか？」というプレッシャーをかわしながらプレスリリースの活用を試すことができるでしょう。

なぜ、無料でそんな貴重な情報をご提供するのか？

正直に言います。

私たちは、プレスリリースの執筆代行業務を請け負っております。

ですから、無料相談会でお話しした方のうち10人に1人くらいの方でいいので、執筆代行を依頼してもらいたいと思っています。

しかし、ご自分で執筆される、あるいは社内で執筆できる方がいらっしゃる場合には、社内の方が書いていただいても構いません。

「社内に書ける人がいないんです」という方のみご相談ください。

弊社からしつこく営業をかけることはありませんので、ご安心いただいて大丈夫です。

〈ベネフィットの提示〉

たった3万円で2，836，690人に告知。

弊社でプレスリリースを配信させていただいたお客様の中には、日経新聞に掲載された事例もあります。日経新聞の読者数は2，836，690人です。

プレスリリースの実費はたった3万円です。

たった3万円で2，836，690人に告知する方法が他にあるでしょうか？

また、こちらのお客様では、その他、大手新聞各社、大手インターネットサイト、各通信社などでも取り上げられています。NHKからは直接取材を受け、テレビ放映もされました。

ちなみに、日経新聞に広告を掲載しようとすると7センチ×5センチほどの掲載枠でも

100万円を超える費用がかかります。
たった3万円で取り上げられることがどれだけ費用対効果が高いかはご理解いただけると思います。

〈フューチャーペーシング（ポジ）〉

もう手当たり次第にお客様を追いかける必要はありません。

しかし、多くの読者・視聴者を持つメディアに取り上げられたら、状況は一変します。今までは、自分たちから積極的にアプローチしなければ売上は作れなかったのに、お問い合わせに対応するだけで売上が立つようになります。

そして、自分たちからアプローチする場合にも、「ああ、あなたの会社の名前を聞いたことがありますよ」という反応が増えていくでしょう。たくさんの人があなたの会社や商品・サービスを知っていればいるほど営業はやりやすくなります。

〈特典の提示〉

資料をプレゼント！

今回、無料説明会で使う資料は、そのままあなたに差し上げます。

最後に簡単な「まとめ」を入れていますから、プレスリリースをご自分で書ける人はそのまとめを見ながら作業をすれば配信が完了します。

ネットで調べると、配信の方法についていろいろと記事がありますが、それぞれ結構長い記事ですのでシンプルに作業内容だけ書いてあるこの資料は役に立つと思います。

〈まとめ〉

数百万人に告知するノウハウを無料で手に入れてください。

まとめると、今回のご提案は実費3万円で数百万人に告知できるプレスリリースをあなたのビジネスに取り入れる方法を無料でご提供するというご提案です。

相談会ですから、プレスリリースや集客に関連したご相談もお受けできます。

弊社としても、「頑張ってお客様を追いかけ回すのはしんどい」と思っているので、相談会に参加したからといってしつこい営業をかけられることもありません。ご安心ください（笑）。

〈価格のプレゼン〉

しつこいようですが、今回は無料です。

〈行動の呼びかけ〉

「詳しく話が聞きたい」「相談してみたい」という方は、こちらのボタンをクリックして必要事項と候補日時を入力してください。

お申し込みはこちらから

お目にかかれるのを楽しみにしています。

プレスリリースを使って、あなたの会社の業績をアップするのが楽しみです。

今野富康

〈追伸・追追伸〉

追伸

このプレスリリース無料・個別相談会のご案内は、突然、中止することがあります。ご承知おきください。

追追伸

この相談会は無料です。かかる時間は1時間程度です。

「ちょっと聞いてみたいことがあるんだけど」くらいのことでもお気軽にお申し込みください。

お申し込みはこちらから

〈登壇者のプロフィール・会社概要〉

株式会社 northstar　今野富康

- 出身地：船橋生まれ、柔道部育ち
- 出没地：岐阜、名古屋、東京、大阪、千葉など
- 趣味：美味しいお店探し。岐阜の開化亭、新橋の魚金、神保町のPlatがお気に入り
- 読書：雑食です。ビジネス、哲学、歴史書、漫画（最近はキングダム、鬼滅の刃、Dr.STONE、刃牙シリーズなど）
- 運動：筋トレ、ランニング（100キロマラソン3回完走！）
- 好きな言葉：生産性とは姿勢の問題である
- モットー：前を向け。胸を張れ。道は前にしかない！

サンプルはここまでです。

ちなみに、この個別相談は実際に行なっていますので、ご興味がある方のために巻末にご案内を入れておきます。

興味のある人は申し込んでみてください。本当に興味のある人だけで大丈夫です。

さて、こちらのサンプルは、あくまで最低限の要素を使って構成した「ベース」ですから、あなたが使いやすいように要素を追加していただいて大丈夫です。

ポイントは、文章を書こうとしないこと。

文章を書こうと思うと、かえって何を言いたいのかわからない文章が書き上がりがちです。むしろ、トークを文字起こしするようなイメージでいる方がよいと思います。

そもそも、セールスライティングとか、コピーライティングと呼ばれる文章で売る技術は、営業パーソンのセールストークから生まれたものです。

特に、この技術が盛んに使われたのはアメリカで、今、日本で使われているセールス用の文章術は大抵、アメリカにルーツを持っています。

では、そのアメリカでなぜそういう技術が発達したのか？　というと、国土が広すぎて物理的に客先に出向くのは難しいケースが多かったからです。客先に出向かない代わりに、広告やダイレクトメールを使って販売する技術が発達したわけです。

そして、今、インターネット上で行われているランディングページに書かれている文章もそうした蓄積の上に成り立っています。

そして、そうした売るための文章術がどんな別名で呼ばれているか？　というと、前にも紹介した「Salesmanship in Print（印刷されたセールスマンシップ）」という呼び方です。

つまり、文章術というよりも、セールストークの延長線上にあるということになります。

ですから、あなたも**「文章を書かなきゃ！」**と肩に力を入れることなく、**「鉄板のセールストークを文字起こししてみよう」というくらいの心づもりで書き始めてください。**

音読するだけで、プロ並みに売れる

ランディングページ用の文章を書くコツは、調べる作業、書く作業、編集作業を分けて行うことです。

この3つを同時にしようと思うと、筆が進まなくなります。

そして、途中で投げ出したくなります。


個人的には、何度も投げ出しています。そして、投げ出すたびに自己嫌悪です。本当に書けなすぎて、自分が嫌いになります。生まれてきてすみません。

そんなわけで、編集は後回しにしましょう。日本語的におかしい部分があれば、後で編集すればOK。一通り編集したら、今度はそれを音読してください。


いいですか。音読です。

音読をしてみて、つっかえるようならその文章の箇所を「読みやすいように」修正しましょう。そして、音読して再度読みやすさを確認してください。


大事なことなので、もう一度言います。音読してください。

先ほどもお話しした通り、**セールス用の文章はそもそも「セールストーク」がベースです。そして、お客さんは、話を聞くのと同じように文章を頭の中で「音」に変換して理解**

します。

だから、「音」に変換したときに「つっかえる」とストレスになります。

目の前に人がいれば、多少、聞きづらい話でも気をつかって聞こうとしてくれますが、ランディングページはパソコンやスマホのディスプレイに表示されます。

つまり、お客さんはあなたに気をつかって「頑張って話を聞こう」というモチベーションがありません。なので、読みづらいと感じたら、容赦なくページを閉じます。

それを避けるために、「音」に変換したときにスムーズに読めるようにする必要があるわけです。

だから、音読が大切というわけ。

この音読による編集作業、実は本職のセールスライターでもやっている人はあまりいません。たまたまかもしれませんが、私の周りではゼロでした。

この事実からいえるのは、**音読をすることで、あなたはいきなりプロ並みの成果を出せるかもしれない**ということです。それくらい音読というのはパワフルです。

なぜなら、ランディングページの文章は、セールストークであって、文章のための文章ではないから。お客さんが努力しなくても理解できるように書かれていなければいけません。そのためにはすんなり頭に入ってくる「つっかえない」文章が必須です。

編集と音読による修正が終わったら、見込み客か、社外の人に一度目を通してもらってください。

この作業をしておくと、客観的に見ておかしな部分を発見できたり、読みにくい部分、業界外の人にとってはわかりにくい用語、一般的でない言い回しを発見できます。

ランディングページを読むのは、見込み客やお客さんなわけですから、その人たちにとって意味不明な文章ではなかなか目的は達成できません。

セールス用の文章は、あなたのセールストーク。
話をするように肩の力を抜いて、キーボードを叩いてみてください。

Part

6

断られたお客さんを「資産」にするメール術

失注客にメールを送ろう

「ランディングページを作ったぞ！　これでセミナーは満席だ！」と、思ったあなた。

ごめんなさい。先に謝っておきます。

ランディングページを作っただけでは集客はできないんです。理由を説明します。

いくらランディングページを作っても、見てくれる人がいなければ誰もセミナーに申し込みません。それが理由です。

つまり、ランディングページを作ったら、今度はそのページをお客さんが見てくれるように仕掛けを打つ必要があるということ。


でも、「誰に、どのようにお知らせをしたらよいのか？」と戸惑う人もいるかもしれません。これも簡単に考えてください。まずは、この２つの送り先から始めましょう。

１つは失注客の名刺、２つはあなたの部署に来た問い合わせのメールアドレスなどなど。

いくつかのシチュエーションが考えられますが、普段、お客さんに対してメールを配信していないのであれば「今後、メールを使って情報発信をしていきます」という旨の挨拶文からスタートするとよいでしょう。

「誰」が「どんな理由」で「どんな内容」の情報発信をするのかを簡単に伝えればOKです。

配信スタンドと契約しよう

そしてメール配信スタンドと契約しましょう。

例えば、私はMyASP（マイスピー）というサービスを使っています。

このサービスの特徴は、配信を行うサーバーが自分専用だということ。そして、配信アドレスをホームページなどで使用している既存のドメインとは別に設定することができるという点も大きな利点です。

メルマガもステップメールも、いわゆる一斉配信メールの一種です。

こうしたメールは一度、メール受信者のサーバーやGmailから「迷惑メール」というレッテルを貼られると、同じドメインから届くメールが全て受信者に届かなくなる可能性があるのです。

もし、あなたが使っている既存のドメインが迷惑メール認定されてしまうと、一切届かなくなる可能性があります。

そんな事態を避けるために、通常のEmailに使っているドメインとは異なるドメインを新たに設定してメール送信することを強くお勧めします。

最初のメールのテンプレート

例えば、コンサルタントの方であればこうなります。

〈タイトル〉
◯◯様、こんにちは！　新しい取り組みを始めます。

〈本文〉

○○様、こんにちは。northstarの今野富康です。

この度、お仕事でご縁があった方や名刺交換をさせていただいた方向けに、メールで情報発信をさせていただくことにしました。

このメールでは、マーケティングのテクニック、実践事例、時事ネタなどについて○○様に役立つ情報を配信していく予定です。

配信は毎週火曜日の朝7時にさせていただきます。

通勤中にお読みいただければ幸いです。

以下、改めまして私の経歴をご紹介させていただきます。

※プロフィールを紹介。文章よりも、箇条書きに近い方が読みやすいです（132ページ参照）。

なお、配信の解除につきましては署名欄に解除リンクを設置しております。ワンクリックで解除できます。
来週から、情報配信を始めさせていただきますので、よろしくお願いします。

株式会社northstar 今野 富康

追伸
メールについてのご感想、ご意見、「こんなことが知りたい！」などのご要望はこのメールに返信してください。必ずお返事をさせていただきます。

追追伸
来週のメールでは、「会わずに売る」オンライン営業術についてお話しします。

コンサルタントや士業、不動産営業の方であれば、1通目の書き方は例文のような形が書きやすいと思います。

アイスブレイクメールを送ろう

この後、失注客や問い合わせのあった方に毎週、2〜3回程度メールを送り、関係性をつくっていきます。対面営業におけるアイスブレイクのようなものです。

どんな内容がいいか？　が気になると思います。

オフィスの休憩室や給湯室で会社の同僚とばったり出会った場面をイメージしてください。きっと世間話をするでしょう。

この時の会話は、たわいのない話題から話し始めるのではないでしょうか？

「ねえねえ、知ってる？」という感じです。

お客さん相手ですから、いきなりそこまで砕けた話し方はしませんが、イメージとしてはこの時の話題が、最初の数通分のメールのネタに近いです。

アイスブレイクですから、ガチガチの真面目な話である必要はありません。むしろ、**対**

面で商談をするときと同じように世間話から始めれば十分です。

85ページでお話しした「ニーズの喚起」をヒントにしていただければよいでしょう。

目的は、あなたからのメールを開封して目を通す習慣をつけてもらうこと。

そして、あなたという人物を理解してもらうことに重きをおきましょう。

この時点で、売り込みをかけて、そもそもメールを読んでもらえなくなってしまっては意味がありません。

なお、このアイスブレイクメールは、集客期間以外の時期にも、定期的に送っておくことをお勧めします。別段、何を売り込むわけでもありませんが、ニーズが発生したときにお客さんがあなたを思い出すきっかけになるからです。

私自身、2008年のリーマンショックの時も、2020年のコロナ禍の時も、このメールきっかけで大型受注を獲得しています。

ランディングページを見てもらうための仕掛け

さて、次のステップです。需要や欲求を作り出す仕掛けを作りましょう。

簡単にいえば、お客さんがある商品を欲しい、あるいは、お客さんがある商品を思うであろう心理的な状況を作り出せばOKです。


「そんなことが、できたら苦労しない？」

最初はそう思えるかもしれません。でも、実はそうでもないのです。

以前、『孤独のグルメ』という深夜ドラマが流行ったときに、「夜食テロ」とか「飯テロ」という言葉も流行ったのを覚えているでしょうか？

人間というのは、潜在的にニーズがあるものを目の前に提示されると自然と欲求が生まれるものなのです。加えて、それが心理的に無防備なときに提示されると、欲求が生まれたことにさえ無自覚であったりします。

だから、テレビでCMを見ていてもお腹が空くことは滅多にないのに、『孤独のグルメ』を見ると急に空腹に襲われる人が続出したわけです。

ただ、食べ物の映像を見ただけで欲求が生まれるなら、食品のCMはすべて「飯テロ」になっているでしょう。ところが、幸か不幸かそうはなっていません。

では、お客さんから心理的な抵抗を受けずに欲求や需要を生み出すにはどんなメールを送ればいいのでしょうか？

「結婚してください」「お引き取りください」

メールでいきなりランディングページに誘導するのはNGです。それだけは絶対にやめて下さい。

なぜ、ダメなのか？　というと、初対面の人に突然プロポーズするようなものだからです。そんなことをすればどうなるか？　結論は見えますよね。

あなた：「結婚してください」
初対面の人：「お引き取りください」

それで終了です。むしろ、そのシチュエーションでプロポーズされて「はい。喜んで」という人がいたら危ない人なので気をつけた方がいいです。

どんな交渉でも、提案でも、ある程度「知るべきことを知り」「信じるべきことを信じ」「提案している人を信用する」という前提がないと受け入れてもらえません。
ランディングページへの誘導についても全く同じことがいえます。

メールを使う場合にも、「知るべきこと」「信じるべきこと」「あなたへの信用」を先に築いてから誘導する必要があります。

では、お客さんが「知るべきこと」「信じるべきこと」とはどんなことでしょうか？

お客さんが「知るべきこと」

お客さんが「知るべきこと」、なんて考えると、途端によくわからないと感じるかもしれません。

「知るべきこと」というのは、お客さんが商品を購入するにあたって持っておくべき情報です。

例えば、お医者さんが患者さんに手術を受けるように説得する場面を想像してください。

医者：「いますぐ、手術しましょう」

患者：「嫌です」

なんの前情報もなければ、こんなやりとりになるはずです。

例えば、この場合、「知るべきこと」というのは、以下のような感じになると思います。

①患者さんが病気であること
②病気を放っておくとどんな結果になるのか
③なぜ、今手術をするのか
④なぜ、この医者が手術をする必要があるのか

予後とか、費用とかを除けば、最低でもこの程度のことは「知るべきこと」だといえると思います。言い換えると、こんな形になります。

①患者さんが病気であること（問題・課題の発見・自覚）
②病気を放っておくとどんな結果になるのか（ネガティブなフューチャーペーシング）
③なぜ今手術をするのか。なぜ来週でも、来年でもなく今なのか？（切迫度・緊急度）
④なぜこの医者が手術をする必要があるのか（他の人ではなくあなたから買うべき理由）

こういったことをメールに盛り込むのです。1つずつ、丁寧に説明していきます。

まず、お客さんは「問題・課題」がなければ、解決策を求めたりしません。

そして、お客さんは自分が「問題・課題」を抱えていても気がついていないことがとても多いのです。

以前、こんなことがありました。夏の暑い日でした。

関東地方の某県の奥地にある老舗の建材卸会社に営業に行った日のことです。うだるような暑さで、私は汗だく。ワイシャツもびしょ濡れ。

受付の方に取り次いでもらって、社長室に通され挨拶と名刺交換をさせていただいたんですが、初対面にもかかわらずお叱りを受けてしまいました。

あまりの暑さにネクタイがやや緩んでいたのです。

ソファに深く腰掛けた社長は言いました。

「ビジネスマンたるもの、初対面で印象が決まるんだ。ネクタイをするならする、しないならしない。中途半端が一番いかんのだ。わかるかね?」

確かに、おっしゃる通りです。私はただただお詫びするしかありませんでした。

ただ、私だけは社長が抱える重大な問題に気がついていたのです。

社長、ズボンの股が裂けてますよ。

もう10年も前の話なので、社長のお顔の記憶もおぼろげです。

鮮明なのは、裂けたズボンからのぞいた緑に白の水玉のトランクスだけです。

社長、あのトランクス、どうしたんでせうね……？（映画『人間の証明』の松田優作風）

社長の水玉のパンツのことはともかく、ことほど左様に、私たちは自分の問題は指摘されなければ気がつきません（結局、社長には最後まで指摘しませんでしたが）。

それは、件の社長に限った話ではありません。あなたのお客さんも全く同じです。

鼻毛が出ていることに、本人は全く気がつかないように。きつい口臭に本人が無自覚であるように。お客さんは指摘されるまで、問題や課題に無自覚です。

したがって、「課題を抱えていること」はお客さんに真っ先に知ってもらうべきことです。

知るべきこと 2 「ネガティブなフューチャーページング」

ネガティブなフューチャーページングはかなり重要です。人間は、ポジティブな情報よりもネガティブな情報に反応します。

ですから、問題や課題を放置するとどんな悪いことが起こるのか？　を明確にすると、そこにお客さんが行動する動機が生まれます。

購入動機とは、ニーズと欲求の混合物です。

仮にお客さんにニーズ＝必要性があっても、気がつかなければ購入動機は生まれません。

また、ニーズに気がついていても、問題や課題が「小さなこと」と認識されていれば、これまた購入動機は生まれません。

では、問題や課題をお客さんにとって重要で、早急に解決する必要があると認識してもらうにはどうしたらいいのでしょうか？

簡単にいえば、**放置したら近い将来どうなるか？　を見せてあげればよいのです。**

もっとも、人間というのは目先のメリットを優先して、将来のメリットを過小評価する傾向があります。これは脳の報酬系という部分の働きが原因です。ダイエットが失敗するのも、禁煙が失敗するのも、運動が続かないのも、すべてこの脳の働きのせいなんですよ。私が痩せないのもこれが原因。本当に罪深い脳の機能です。

いずれにしても、将来的に起こる悪いことが理解できただけでは、人間は行動しないものなのです。そこで重要になるのが、次の「切迫度・緊急度」です

知るべきこと 3 「切迫度・緊急度→締め切り」

今回の目的でいえば、お客さんをランディングページに連れてくることが目的ですよね。

これまでのプロセスで、問題・課題に気がついてもらい、放置したときにどんな悪いことが起こるのかを理解してもらったわけですが、今かけているのは「なぜ、今」申し込ま

なければいけないのか？　という理由です。
この理由が前のパートで触れた購入動機の構成要素である「欲求」を生み出す方法になります。

論理的・合理的な理由を伝える

なぜ、今なのか？　には2つの理由があるんです。
1つは、論理的・合理的な理由。例えば、こんな感じです。

「令和3年3月に迫った法人税制改正で、追徴課税や否認リスクを完璧に防ぐ決算書の作り方を学べます。この方法を採用するには最低1か月の準備が必要です。令和3年3月以降に決算を迎える企業様はお急ぎください」

という提案を、令和2年10月あたりから令和3年1月くらいまでの間で企業にすれば、そこそこ反応が取れるのではないでしょうか？
なぜかというと、**論理的、合理的に見て、将来起こる問題が明確**だし、法律が変わる前に対策をする必要があるからです。というか、急がざるを得ませんよね。

さらに、効果を上げるために要素を追加することはできますが、この内容だけでも十分すぎるくらい反響があるはずです。これが論理的・合理的な理由。

情緒的・心理的な理由を伝える

もう1つの理由は情緒的・心理的な理由です。

どういうことかというと、例えば、**人間は得ることよりも、失うことに心を揺さぶられるんです。損失回避の法則です。**

例えば、こんな場合あなたはどちらを選ぶでしょうか？

質問1

A　あなたは無条件で1000万円もらえます

B　あなたは2000万円を2分の1の確率でもらえます

あなたはAとB、どちらを選びますか？

おそらく、多くの人はAを選択したと思います。もらえないリスクがあるよりも、確実に1000万円もらえる方がよいと無意識に判断するからです。

質問2

C　2000万円の借金が半分になる

D　2000万円の借金が2分の1の確率でチャラになる

あなたはどちらを選びますか？

おそらく質問1で、堅実にAを選んだ人でも、Dを選んだ人が結構いるはずです。なぜなら、Cの場合は確実に借金＝損失が残りますが、Dの場合は借金＝損失がゼロになる可能性があるからです。

こんな感じで、**私たちは無意識にリスクを避けようと判断する傾向があるのです。**

それは、お客さんも同じ。だって、人間だもの。

なので、論理的・合理的な理由の他に情緒的・心理的な理由を付け加えた方がベターです。難しそうですか？　いえいえ。超簡単です。

知るべきこと 4 「切迫度・緊急度→限定性」

セミナー申し込みの「締め切り」と参加できる「定員（限定性）」をお客さんに伝えてください。この2つがあると、お客さんは無意識にこう思います。

「おやおや、これは早めに申し込まないと、損をするかもしれないぞ」

実際、散々、集客キャンペーンをやってきましたが、締め切り間際と、定員間際はお申し込みが集中しやすいんです。なぜかといえば、先ほどお話しした**損失回避の法則が締め切り間際ほど機能しやすい**からです。

損失回避の法則が発動すると、お客さんは「切迫感」や「緊急性」を感じます。

一言でいうと、あなたの提案に乗るなら、

「今でしょ！」

と、思うわけです。

そう感じてもらえれば、申し込みボタンを押してもらえる可能性は高まります。


この考え方は、以前、勤めていた会社で学びました。

その会社では、企業向けの教育研修を売っていたんですが、これが非常に難しい。

なぜなら、見込み客の多くは、これから我々が売り込もうとしている教育研修なしに、今日までつつがなく事業を継続してきた企業だからです。

つまり、お客さんからすれば、「確かによさそうな研修だけれど、今すぐ導入しなければいけないわけではない」と感じられるということです。

そう思われたら、よっぽどお金が有り余っている企業にしか研修は導入していただけません。商売上がったり、閉店ガラガラです。

ですから、お客さんには「なぜ、必要か？」を理解してもらうだけではなく、「なぜ、今必要なのか？」を納得してもらう必要がありました。

そのために必要な要素の1つが、「切迫感」や「緊急性」というわけです。

疑似的な緊急性は、簡単に生み出せる

もしかすると、うちの商品では「切迫感」や「緊急性」を生み出せる要素がないという人もいるかもしれません。でも、安心してください。

突き詰めて考えると、そもそもほとんどの商品・サービスに本来的には必要性も緊急性もないのです。

身も蓋もない言い方をすると、お客さんが「そのように感じている」だけです。

まぼろし～！

なんか、短いフレーズってクセになりますね。

それはともかく、本当に必要なものは、大抵、安くて手軽に手に入ります。衣食住にまつわるものは、最低限で済ませようと思えば非常に安価に手に入る。

私たちが売っているものの9割以上は、擬似的な必要性によって取引されているのです。

この場合の緊急性も同じようなものだと考えてください。

例えば、「正月だから初詣に行かなきゃ!」みたいな感覚です。

しかし、正月に初詣に行かなくても、死にはしないし、誰に罰せられるわけでもありませんよね。実際、2021年は、コロナ禍の影響もあって、日本中の神社で初詣客が激減したはずですが、それが原因で命を落とした参拝客は一人もいないはずです。

そりゃそうです。情緒的な意味はともかく、本来的には生命維持の観点からも、経済的な観点からも「必要な」活動でも、「緊急の」活動でもありませんから。

でも、特定のイベントと特定の行動が、私たちの頭の中で結びついて何百年も行動させていたことは確かですよね。

つまり、**近い将来に「何らかのイベントがある」という事実と「行動（＝今回の場合は商品・サービスを購入してもらう）」を組み合わせると「緊急性が生み出せる」ということです。**

目先のイベントと自社の商品・サービスを結びつけてアピールすればOKです。**とにかくなんでもいいので、「理由」を作ることがすごく効果的ということ。**

「万が一に備える」は切迫度・緊急度を生み出す魔法の言葉

多くの商品は切迫度・緊急度がありません。

例えば、生命保険を例に考えてみましょう。

保険は「まさかのとき」の備えですよね。

つまり、万が一、死んでしまったときに、家族を支えるために加入している人がほとんどだと思います。もちろん、税金対策や貯蓄目的の人もいるでしょうが、ここではごく単純化しています。

そういう商品ですから、切迫度や緊急度はそもそもありません。

もっといえば、生命保険を売りたい相手は「死にそうにない人」に限られるわけです。だから、持病や手術歴があったり、健康診断で引っかかった人は保険に入ることすらできません。

死ぬ確率がそもそも低い人に、万が一の補償として売るのが保険という商品ですから、切迫度と緊急性が低くなります。

では、生命保険は売れない商品か？　というと、そんなことはありません。何しろ、日本人の生命保険加入率は90％以上です。むしろ、生命保険ほど広く普及した商品は稀だといえます。

では、どんなタイミングで売れるのか？　というと、擬似的に緊急度や切迫度が高くなった瞬間に売れていくわけです。

典型的なのは、就職、結婚、引っ越し、子どもの誕生、子どもの進学などのライフイベントでしょう。ライフイベントに前後して、自分の人生や家族の人生について考えたタイミングで、お客さんは「万が一」についても考えるようになります。

つまり、重要度の高い自分に関係がある問題として「死」をイメージするわけですが、こういう場面では**「万が一に備える」という提案は響きやすくなります。**理由は、自分自身の健康状態だけではなく、家族の将来を念頭において考えるようになるからです。

例えば、できる保険営業パーソンは、お客さんのライフイベントや折々の挨拶を欠かしませんよね。気遣いであるだけでなく、ビジネスチャンスに対する極めて合理的なアプローチというわけです。

切迫度・緊急度によって、お客さんは2つに分けられる

ただし、切迫度・緊急度が違えば、求めている内容も変わってきます。ですので、情報の内容を少しずつ変える必要があるのです。

お客さんの切迫度・緊急度の違いを別の角度から見てみましょう。

簡単にいうと、この2つです。

●ニーズが潜在化しているお客さん
●ニーズが顕在化しているお客さん

新規のお客さんでいえば、おおむねこの2つに分けられるはずです。そして、どちらにも当てはまらない人はお客さんでありません。

「ニーズがない人には売り込まない」
単純ですが、これを徹底するだけでも営業効率は格段に上がります。スーパー営業パーソンほどお客さんの見切りが早いのもそのためです。彼ら、彼女らは「売れない」とみるや残像が残るほどの勢いで、その場を立ち去ります。

それはさておき、ニーズが顕在化しているお客さんに対しては、「問題・課題の発見・自覚」や「ネガティブなフューチャーペーシング」が入ったメールを送るだけで事足ります。

「ニーズが顕在化している」お客さんは、自分が抱えている問題に対して自覚的なお客さんともいえますから、誘導するのはそれほど難しくありません。

「痛み」を指摘すれば、ニーズが顕在化する

問題は、「顕在化していない」お客さんです。

ニーズが顕在化していないお客さんに対しては、お客さん自身の問題に気がついてもらわなければいけません。ただし、最初に問題の本質を指摘しても、キョトンとされるだけで行動を促す刺激にはならないんです。

ですから、ニーズが顕在化していないお客さんには、その人自身が今感じている「痛み」について指摘する必要があります。

なぜなら、**本質的な問題に気がついていない人でも、「痛み」については自覚していることがほとんど**だからです。

例えば、以前、経営者向けにマネジメントについての教材を販売していた時期がありますが、その時の訴求はこんな感じでした。

「部下に裏切られる社長に共通するただ1つの失敗」

最終的な話のオチは、「マネジメント手法が問題ですよ。うちで素晴らしいマネジメントの手法を教えてますよ」という内容です。しかし、最初から「マネジメント」を押し出してはいません。

理由はまさに、「裏切られる」という「痛み」は自覚できていても、その本質的な理由が「マネジメント」にあるという本質的な問題に気がついていないからです。

もっと、卑近な例で考えてみましょう。

例えば、「パートナーができない」という痛みを抱えた男性がいるとしましょう。モテない原因が「口臭」だとします。

ところが、男性本人は口臭に気がついていません。口臭って本人も気がつかないし、周りも指摘しにくい話題ですから、かなり臭っても自覚がないままの人は多いですよね。この男性の場合も例に漏れず、です。

その結果、口臭が原因で異性から、避けられている状態です（あくまで仮の話ですが）。第三者的にみれば、彼が感じている問題の原因は明らかです。ところが、本人にはそれがわからないし、気がつくこともできていません。

この段階で、突然男性にオーラルケア商品を売り込んで売れるでしょうか？

おそらく、男性は買ってくれないと思います。

なぜなら、「パートナーができない」という「痛み」と「口臭」が結びついていない上に、そもそも「口臭」という痛みの原因＝問題に自覚がないからです。場合によっては、「口臭」が問題の本質なのに、身嗜みに気をつけたり、流行に敏感になったり、トークを磨いたりという感じで、的外れな努力をしているかもしれません。

今の話はあくまでたとえ話です。

なんか、グサグサ心に刺さるんですが……と言う方がいたら、完全に自意識過剰です（笑）。

あと、メールを書いていると、時々、「私のこと、つけてませんか？」とか、「ストーカーするのをやめてください」というクレームが入ることがあります。

もちろん、そんなことをはしていないんですが、お客さんに「自分事」だと思ってもらえるメールが書けると時々そんなクレームが入るのです。

このように、自覚がないことを指摘されても、お客さんは指摘を「自分事」として認識してくれません。「自分事」として認識してくれなければ、そもそもメールを読んでもらえませんから、ランディングページへの誘導もできなくなってしまうわけです。

この男性のような、お客さんに訴求をするのであれば、例えば……

「一見、大きな欠点がないのにモテない男性に共通する7つの致命的なミス」

みたいな、テーマでメールを書くと有効だと思います。

この場合も、「口臭」という問題そのものを指摘するよりも、「パートナーができない」という痛みを刺激した方がお客さんには読んでもらいやすいわけです。

知るべきこと 5 「他の人ではなく、あなたから買うべき理由」

ここまでは、主にお客さん側の理由を考えてきました。

お客さんにご自身が抱える問題に気がついてもらい、放っておくとどんな悪いことが起こるかを想像してもらい、なぜ「今」行動しなければいけないのかを理解してもらう、という流れです。

この一連をお客さんが理解してくれたとしても、あなたの話を聞いてくれるかといえば、必ずしもそうではありません。

なぜでしょうか？

それは、お客さんが問題の解決について「あなた以外の選択肢」を知っている可能性があるからです。

つまり、私たちはお客さんのニーズを強く喚起するだけではなくて、お客さんが私たちを選ぶ理由について伝える必要があるということです。

方法はいくつもあります。

- 過去の実績を紹介する
- あなたのプロフィールを紹介する
- お客さんの声を紹介する
- 特許技術など際立った特徴を紹介する
- 他社商品・サービスなどと比較した優位性を示す

などです。

ランディングページ誘導メールのテンプレート

それでは、ランディングページを見てもらうための仕掛けが組み込まれたメール文を具体的に紹介します。

またコンサルタントのメールを例にとってみましょう。

〈タイトル〉

無料：不確実性の時代に売れる方法

〈本文〉

こんにちは、○○です。

毎日、ニュースを見ると、新型コロナの話ばかりで嫌になりますよね。

しかし、考えてみると、最近はコロナの件に限らずいろいろなことが不確実になってきています。最近は大きな地震もありましたし、記録的な大雪もありました。

災害の他にも、AIなどのテクノロジーの発達がどのように私たちのビジネスに影響を与えるのかなど、将来を見通しにくい要素がたくさんあります。


私も起業直後に、リーマンショック。

その後、持ち直したタイミングで、東日本大震災。

新たなビジネスを考えてオフィスを移転した直後に新型コロナという形で、不確実性に翻弄されてきました。

不確実性に何度も直面しながら、ビジネスをしてきた結果、気がついたら不確実な環境でも「売れる」考え方があります。

今回、急遽、その考え方を無料セミナーで公開することにしました。

URL………


とにかく、不確実な環境で、1か月後はどうなっているかがわからないので、セミナーでは「今」必要なことをコンパクトにまとめてお伝えします。

こんな環境なので、「今」役立てたい方だけに情報をお伝えするため、募集は7日間限定です。

URL…………


長年、一緒に仕事をしているビジネスパートナーが「勉強になった！」と言ってくれている内容なので興味がある人は必ず参加してください。

最後まで、お読みいただき、ありがとうございました！

追伸　募集は7日間限定です。●日23：59で募集ページの公開が自動で終了になるので注意してください。
URL…………

このメールは「問題・課題の発見・自覚」が中心になっています。

また、集客期間が限られているため、募集の締め切り時期を明示して「切迫度・緊急度」を入れています。

コンサルタントの過去の経験を伝えることで、「他の人からではなく、あなたから買う理由」の要素も入っています。

ランディングページ誘導メール「ネガティブな未来を予測する」

次はネガティブなフューチャーページングです。例えばこんな感じです。


〈タイトル〉

あの有名企業が倒産した理由

〈本文〉

こんにちは。○○です。

以前、コダックという会社があったのを覚えているでしょうか？　黄色いパッケージが目印のカメラのフィルムメーカーです。

全盛期には世界有数の大企業の1つで、フィルム業界では最大手でした。

ところが、そのコダックも倒産し、ついには消滅してしまいました。

なぜでしょうか？

その理由は、市場の変化にもかかわらず、それまでのビジネスモデルを変えることができなかったからです。

今回のコロナ禍も同じです。状況は大きく変化しています。

例えば、お客様と営業マンの関係性で売上を伸ばしてきた会社であれば、訪問営業ができないことが大きな痛手となるかもしれません。

あるいは、店舗向けの商材を販売している会社は、顧客店舗への来店者が激減することによって売上を大幅に減らす可能性もあるでしょう。

法人の節税対策で金融商品を売ってきた会社にとっては、企業の利益が大幅に減ればとても売りづらい状況になるはずです。

そんな不確実な時代だからこそ、不確実な時代でも売れる方法を身につける必要があります。

「不確実性の時代に売れる方法」

無料オンラインセミナーへの登録はもうすみましたか?

こんな環境なので、「今」役立てたい方だけに情報をお伝えするため、募集は7日間限定です。

URL…………


長年、一緒に仕事をしているビジネスパートナーが「勉強になった!」と言ってくれている内容なので、興味がある人は必ず参加してください。

最後までお読みいただき、ありがとうございました!

追伸　募集はあと6日で終了します。●日23:59で募集ページの公開が自動で終了になるので注意してください。
URL………

ネガティブなフューチャーページングは、このようにたとえ話を挟めばわかりやすく伝わります。環境の変化によって「滅んだ」事例でいえば他にも、恐竜、薪炭屋、最近の事例では大手アパレルメーカーの倒産もありました。

今回の事例でいえば、「変化に対応しないのは危険ですよ」ということを伝えられる事例であればベターです。

業種ごとの注意点①「保険」

補足ですが、同じ商品を法人・個人それぞれに売る場合には注意点があります。

それは、「切迫度」「緊急度」が上がるタイミングは法人・個人それぞれで違うということです。

すでに、保険商品を販売している方には釈迦に説法なんですが、よい事例なので他業種の方のために簡単に触れておきます。

例えば、保険の場合は、法人と個人でそれぞれ切迫度、緊急度が上がるタイミングはこのように分かれます。

【法人】決算期、税制改正前、保険商品の切り替わりタイミング、掛け金が増える前、相続、事業承継、M＆Aなど

【個人】就職、結婚、子どもの誕生、引っ越し、家を建てる、子どもの進学、転職、起業など

切迫度、緊急性が高まるタイミングを比較的追いかけやすいのは法人です。決算期を始め多くの情報を売り手が入手できますから、タイミングを見計らったアプローチをしやすい利点があります。

一方で、個人の場合はお客さん個々人の事情によってタイミングが変わりますから、ピンポイントでタイミングを抑えたアプローチは難しいはずです。ですので、この場合は法人よりも定期的な接触を維持する必要があります。

少なくとも、お客さんに忘れられないようにする必要がありますし、切迫度や緊急性が高まったタイミングで、あなたに連絡が来るように普段からコミュニケーションを取った方がいいでしょう。

さもないと、買い物ついでに立ち寄ったショッピングモール内の乗合代理店で、あっさり保険に入られる可能性もあります。

業種ごとの注意点②「不動産など一物一価の商品」

不動産の場合は、お客さんがどの段階にいるのか？　に注意する必要があります。

例えば、「家が欲しいなあ」と考え始めた段階であれば、「どのように不動産選びをすればいいのか？」「選択肢の優先順位はどのようにつけたらいいのか？」などを伝える内容が有効になります。

しかし、お客さん自身が情報を収集し「こういう物件が欲しい！」というところまで希望物件の内容を絞ってきている段階であれば、選び方ではなく、物件情報を伝える方が取引にはつながりやすいはずです。

むしろ、この段階ではお客さんの「高くなり過ぎた理想を徐々に掘り崩す」作業をメールでする必要があるかもしれません。

このように、お客さんが「購入を考え始めた段階」と「欲しい物件が明確に定まった状態」では伝える内容が変わってきます。

また、これは法人向けの賃貸オフィス物件でも同じことがいえます。さらに、中古車なども一物一価の商品ですから、同様の見方をすることが可能です。

Part

7

Webセミナー&Web面談で お客さんに思わず 「買いたい」と言わせる秘訣

ゆるいクロージングでも、するっと決まる理由は？

このパートでお伝えしたいのは、Ｗｅｂセミナーから Ｗｅｂ面談に誘導し、クロージングをする方法についてです。

クロージングで大きなプレッシャーを感じている人も多いと思います。

何を隠そう、私も苦手です（笑）。

でも、１つ安心していただきたいのは、**この本でお伝えしている方法を忠実に実践している人はクロージングの重要度はそれほど高くありません。**

信頼してもらった上で、買ってくれそうな人に必要な情報を伝えているなら、ほとんど抵抗なく成約に至ることが多いと思います。

というのも、**営業適性がほぼゼロの私でさえ、商談での成約率は９割くらいあるのです。**

ほとんどの方は、「私よりはよほど営業に向いている」はずなので順当にいけば成約を取るのは難しくありません。

Webセミナーから Web面談への誘導はとっても簡単

さて、どんなお客さんをWeb面談に誘導し、どんなお客さんに立ち去ってもらえばいいのでしょうか？

見極めなければいけないのは、とても簡単なことです。

「さらに追加の説明が聞きたいかどうか？」

以上です。

Webセミナー後半でWeb面談の案内をする前に、お客さんに意思確認をしてください。**意思確認をして、手を挙げたお客さんだけに個別Web面談の話をします。**

興味がない人には、案内の前にオンライン上から退出してもらえばOK。これをやるかやらないかで、面談での成約率は変わって来ます。

興味がない人にも、面談を勧めるとオンラインのミーティングではかなり変な空気になります。対面のセミナーであれば、同調圧力で次のステップに進む人が出たりするんですが、オンラインではまず起こりません。

むしろ、「無理やり説得される」という妙な警戒感をお客さんに与えてしまって、次の個別面談で話が進めにくくなります。

オンラインだからこそジェントルに。対面の面談以上に気をつかう必要がある部分です。

Webセミナーは問題解決型と商品プレゼン型に分けられる

さて、Webセミナーに話を戻しましょう。大きく2つのタイプがあります。

1つ目は、問題解決型です。

問題解決型のセミナーでは、文字通り参加者の問題を解決する方法を教える内容のセミナーになっているはずです。

テーマはジャンルによりますが、売上、テレワーク、人事評価制度、税金対策、人材育成、などなどに関する問題に対して解決する方法を伝えるセミナーです。

2つ目は、商品プレゼン型です。

問題の解決策として、事前に商品を紹介しておいて、その内容をセミナーでプレゼンするタイプのセミナーです。

この2つのタイプの差がどこで生まれるか？　というと、Ｗｅｂセミナーに誘導するランディングページの内容によって変わってきます。

開催する側からすると、両者で話す内容がさほど違わないケースも多いので、「些細な差」に感じられるかもしれません。

しかし、参加するお客さんの立場で考えると、**問題解決型のセミナーには「方法を知りたい」＝「知識を得たい」という目的で参加しています。**

ですから、セミナー後に誘導する個別のＷｅｂ面談の立て付けは「無料コンサルティング」「無料相談」などという形で、お客さんの疑問や質問に答える形式がベターです。

この場合は、お客さんの相談を受けた結果、その解決策としてあなたの商品・サービスをベストの解決策として提示した方が成約率は高くなるでしょう。

一方の、**商品プレゼン型セミナーの場合は、お客さんも「商品・サービスについて知りたい」と言うモチベーションで参加しています。**

ですから、セミナー後の個別のWeb面談は、「質問や疑問にお答えします」「お支払い方法、さらに詳細な説明が必要な方にご説明します」という立て付けにするとよいでしょう。

商品プレゼン型セミナーの場合は、「買いたい」という前提の人だけが個別Web面談に進む傾向にあります。

ですから、面談の目的は不安の解消、断り文句の解除が主な目的になります。

Webセミナーの開催内容の説明はあとにして、問題解決型セミナーと商品プレゼン型セミナー、それぞれからの面談方法について少し詳しく考えてみましょう。

問題解決型セミナーからの個別のWeb面談では「売り込むな」

大事なことなので、強調しておきたいのですが、問題解決型セミナーから誘導した個別面談では売り込んではいけません。いきなり売り込むと必ず失敗します。

なぜならば、**お客さんはあくまで問題を解決するための助言を求めて個別面談に進んできているからです。**

ですから、問題解決型セミナーに誘導した後であなたがするのは、お客さんの問題解決をガイダンスする作業です。

お客さんの抱える問題と、解決イメージ、解決後に得られるメリットについてヒアリングを行います。

「売り込んでないのに、売れるのか？」と、思うかもしれませんね。

焦らないでください。

そもそもお客さんは、自力では問題解決ができないと判断しているからセミナーに参加します。逆にいえば、お客さん自身がすでに持っている情報、ノウハウ、スキル、リソースで問題解決が可能ならセミナーに参加する必要がありません。

つまり、お客さんは自分が持っている以外の解決策を求めてセミナーに参加しているわけです。

ですから、**丁寧にヒアリングをして問題を整理することで、「足りない何か」を明確にするのがこの面談の目的です。**

「足りない何か」が明確になった状態は、言い換えるとお客さんが「何を欲しているか」が明確になった状態といえます。今まで、お客さんの中でぼんやりとしてつかみどころのなかった問題がハッキリとした輪郭を持った状態です。

「足りない何か」の存在が顕在化したタイミングが、あなたが商品・サービスを提案するタイミングです。

なぜなら、問題に対する認識が明確な状態になる前に、商品・サービスを提案しても、お客さんは判断ができないからです。

判断できない状態で購入判断を迫られると、お客さんは買わない理由を探して、判断自体を回避しようとするケースが多いです。

一度買わないモードになったお客さんを、再度説得するのは手間がかかりますし、商談の失敗率をあげることにつながります。

問題がはっきりした輪郭を持つようになると、そこにはまる解決策の形も明確になります。その状況なら、あなたの商品・サービスをみた瞬間にお客さんもピンとくるはずです。

お客さんがしっかりと「解決策＝あなたの商品・サービスの有効性」を理解した段階で購入の判断をしてもらうと成約率は高まります。

そして、この段階で商品・サービスを提案すると、お客さんが求める解決策を提案する流れになるので、改めて売り込まなくても売れるケースが多いでしょう。

商品プレゼン型でも「売り込むな」

大前提ですが、商品プレゼン型のセミナーを聞いた上で、個別のWeb相談に進んでいるお客さんは商品に興味を持っていますよね。

ですから、商品そのものを改めてゴリゴリ売り込む必要はあまりありません。

どちらかといえば、個別相談の時間はお客さんの不安を取り除くために使ってください。

お客さんの心理は「欲しいから即買う」というほど単純ではありません。

大抵は「欲しいなあ……。でも……」という形で、購買欲求と買わない理由がせめぎ合うのが普通です。

何かを買うということは、逆説的に考えれば、同じお金で「他のものを買わない」決断をすることです。そして、決断は恐怖を伴います。

話が少しずれますが、「目標設定をすること自体がプレッシャーになってしまって、なかなか目標を設定できない」人は結構多いと思いますが、それも決断することが怖いからです。

私自身も、目標設定はあまり得意ではありません。なんか、急に何かを背負ったような感じがして怖いですから。

説得して売ってはいけない

お客さんが購入判断をする時にも、同じような心理状況になっています。だから、「欲しい」が必ずしも即、「購入する」という行動に直結しないことが多いのです。

では、決断を促すための有効な方法は何か？　というと、不安や疑念を取り除くことです。別の言い方をすると、「買わない理由をなくす」とも言い換えられます。

人間は願望が大きくても、それ以上に不安や疑念が大きければ買わないものです。仮に、不安や疑念を払拭できないままのお客さんに売ることができたとしても、今度はクレームにつながったり、返品になることが多いでしょう。

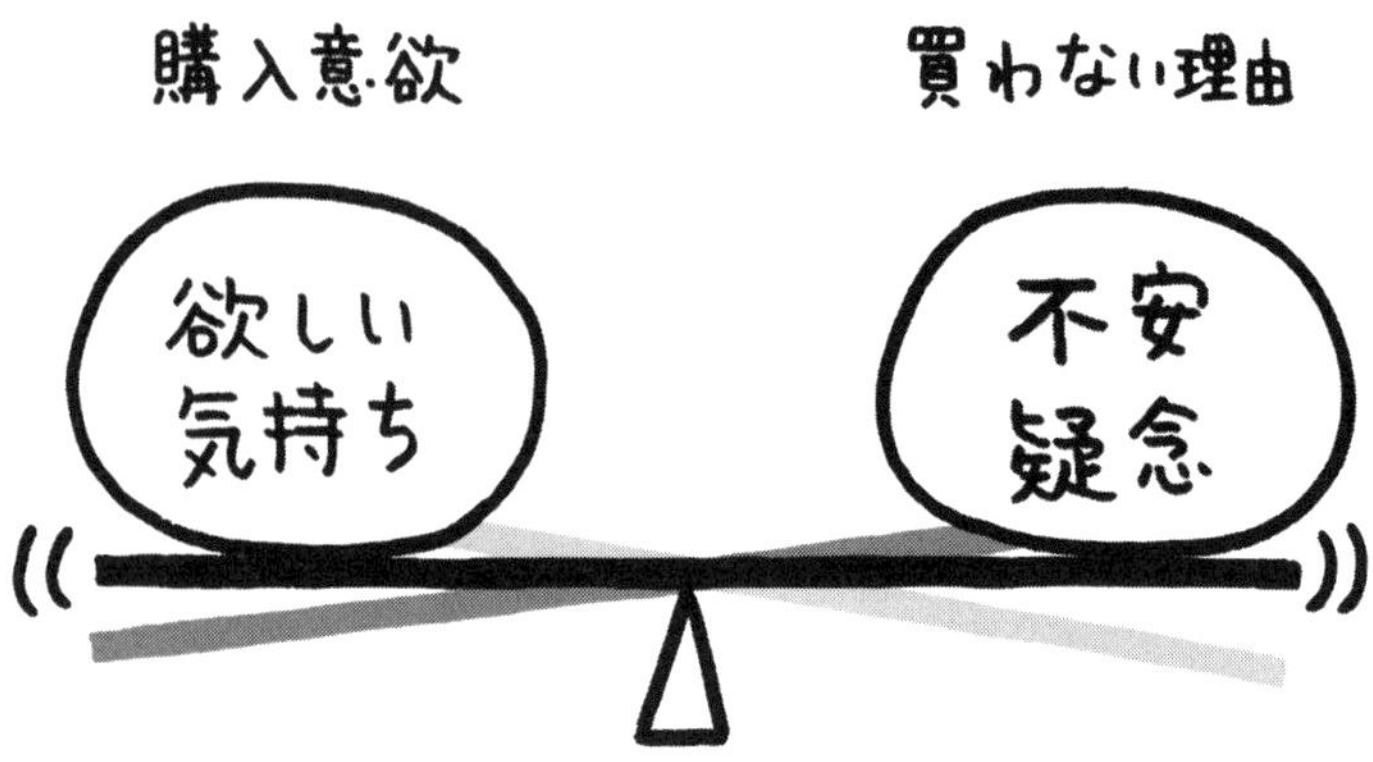

不安や疑念を持ったまま、購入の決断をすると、購入後にお客さんの心の中で不安や後悔が膨らんでいきます。

「この商品を買ったのは正解なのだろうか？」という思いがどんどん大きくなるんです。

この現象を、バイヤーズ・リモース（買い手の後悔）といいます。

購入後にこうした感情を持つことは、誰でもあることですが、説得されて買ったお客さんの場合はこの感情が大きくなりやすい。

なぜなら、お客さん自身が納得して決断したのではなく、売り手に丸め込まれた感覚を持つからです。

自分で考え納得した上で決めたことと、他人に説得されて決めたことでは、たとえ同じ結論であってもお客さんにとって全く意味が違ってきます。

なので、個別相談で「売り込み＝説得」をするのはあまりよい方法ではないのです。

説得する代わりに、商品を欲しいと思うお客さんに寄り添って、不安や疑念を引き出し、それらを解決することに時間を使ってください。

もともと、購買意欲が高まっているお客さんであれば、不安を取り除くことで自ら進んで購入判断をしてくれるはずです。

もう1つ。お客さんは、納得して買うのは大好きです。

お客さんが「これはよいものだ！」と心から納得して、買った場合にはウキウキ、ワクワクしながら買います。営業に対しても好意的な場合が多いです。

お客さんは説得されたいとは思っていません。納得したいのです。

ですから、商品プレゼン型のセミナーから個別のＷｅｂ相談に進んだお客さんが納得してくれるように、不安や疑念を一つひとつ取り除く面談をしてください。

不安や疑念の代表的なものとしてはこんなものがあります。

●支払い方法
●実績
●キャンセルポリシー
●自分に使いこなせるか？
●補償
●故障対応
●将来への不安

商品・サービスの内容によって、出てくる不安には多少のバリエーションがあるのが普通です。

あなたが普段お客さんと接する中で、耳にするような不安や疑問についてはあらかじめ模範解答を用意しておくことをお勧めします。

これから新しく売る商品の場合や、過去のデータを蓄積してこなかった場合は、ひたすらネガティブに考えてください。

お客さんが気にしそうなこと、不安なことを、これでもか！　というくらい考えて、それに対する回答を用意するのがお勧めです。

まず弱点を認めてから、長所を推す

もちろん、完璧な商品やサービスは存在しませんから、商品やサービスに払拭できない弱点がある可能性もあります。

その場合は、「確かに○○という弱点もありますが、その代わり××という長所がありますす」というような形で、話を進めて行けば大丈夫です。

弱点は認めた上で、お客さんの購入動機になりうる長所を推すというのがポイントです。

こういうケースで、弱点を頑張って弁護するとかえって不安が大きくなります。

なので、さらっと受け流した方が無難です。

ただし、こうした不安、疑問、指摘が表面化していること自体はとても価値があります。

なぜなら、お客さんが弱点に気がつかないまま購入して、後で弱点が発覚するとあなたやあなたの会社の信用問題に発展する可能性があるからです。

それに比べれば、弱点を知って納得した上で買っていただいた方がはるかによいはずです。

Ｗｅｂセミナーはこの構成で進めれば、絶対に成功する

Ｗｅｂセミナーを開催する場合は、目的を明確に設定しておく必要があります。今回でいえば、Ｗｅｂ面談に誘導することが目的です。

ですから、全体の構成を考える場合は、以下のようになるはずです。

①今の社会情勢・業界の動き
②問題の提起
③問題を放置すると起こりうること

④解決の提示
⑤成功事例の提示
⑥個別相談の提案と申し込み方法の案内

このWebセミナーの目的は、しつこいようですがWeb面談に誘導することです。「いい話を聞いて満足してもらうこと」ではないので注意しましょう。

もちろん、価値ある情報提供をするのは大切なのですが、セミナーを聞いたお客さんが「そうか、こうすればいいのか！」と満足して自分で問題を解決できるように感じてしまうと面談に誘導できません。

ポイントは、〝know how（どうやるか？）〟ではなく、〝know what（何をやるべきか）〟を伝えられるようにセミナーの構成をすることです。〝know what〟がポイントです。

「お客さんが問題を解決するためには何が必要か？」が明確になり、なおかつ、「あなたがその解決策を持っていそう」と感じてもらうことが一番重要です。

なぜなら、これこそ短期間で購買意欲が育つ状況だからです。

Webセミナーでは、コンサル、士業、先生業はノウハウを教えるな

結論からいいます。

ランディングページから誘導するセミナーで「ノウハウ」を教えるのはやめてください。

コンサルタントや先生業の方は、ノウハウそのものが商品です。

ですから、無料セミナーの段階でノウハウを伝えてしまうと、お客さんにとってその後付き合うメリットが薄くなってしまいます。

では、セミナーに集めて何を伝えたらいいのでしょうか？

簡単にいうと、この3つです。

「何を知るべきか？」
「何をやるべきか？」
「何が間違いか？」

先ほどお話ししましたが、〝know how〟ではなくて、〝know what〟のセミナーをする必要があるということです。

具体的には、それぞれこんな内容です。

「何を知るべきか？」

専門家なら当たり前で、お客さんが知らないことで損をしている情報。法律、広告の運用ノウハウ、専門知識など。

「何をやるべきか？」

どんな行動をすれば成果が出るか？　という情報。お客さんが具体的にどうやるべきか？　は、契約後に教える。手順、やり方、タイミング、など。

「何が間違いか？」

一般論としていわれているアイデアや考え方、方法論の間違いを指摘する。また、ライバルの標榜するアイデアやコンセプトの間違いを指摘する方法も取ることができる。ポイントは直接、ライバルを個人攻撃しないこと。

こんな形で、「何を」はわかっても「どうやって」ということが、お客さんにわからない状態でセミナーを終えることで、お客さんを次のステップにつなげやすくなります。

理由は３つあります。

①短時間のセミナーでノウハウを伝え切るのは不可能だから
②ノウハウを「わかったつもり」になると、本命商品を受注できなくなるから
③「わかったつもり」のお客さんが中途半端にノウハウを実践して成果が出ないとあなたの評価が下がるから

まず、今回、想定しているセミナーは、純粋な講演会や講座というよりは、セールスを目的としたセミナーです。

こうしたセミナーの場合、ほとんどが1時間以内だと思います。

なぜ、1時間以内かといえば、オンラインでのセミナーは参加者の集中力が維持しにくいからです。いたずらに長くセミナーをしても、結局のところ、参加者が話を聞いていないことが起こります。

また、あまりセミナー慣れしていない主催者がお客さんに話を聞いてもらえるのは、大抵は1時間以内という理由もあります。

「何を知るべきか」「何をやるべきか」「何が間違いか」はわかった！

でも、具体的には「どうやって動き始めればいいの？」という状態に、お客さんを導くことができれば自然と成約率は高くなっていくはずです。

今さら聞けないＺｏｏｍの使い方

では、Ｗｅｂセミナーをどんなツールを使って実践するか？　というと、おそらく多くの人がＺｏｏｍを使うのではないかと思います。

他のツールとしては、Googleが提供しているGoogle MeetやMicrosoftが提供しているTeamsなどがあります。

それぞれのツールに長所短所があるのですが、今回はアカウントを作らなくても利用できるＺｏｏｍに絞ってお話をしたいと思います。

なぜなら、オンラインセミナーなどにお客さんを呼び込んで活用するシーンを考えた場合に、お客さん側にアカウントを作ってもらうというステップを挟むと参加へのハードルが上がってしまうからです。

その点、Ｚｏｏｍの場合は、招待ＵＲＬを発行することで、Ｚｏｏｍアカウントを持っていないお客さんにも参加してもらうことができます。

以下、Ｚｏｏｍを使うメリットは以下の通りです。

- 100人以上の同時接続が可能（オンラインセミナー専用の機能であれば最大1万人を視聴者として配信できる）
- パソコン、スマートフォン、タブレットから参加できる
- 画面共有機能で、パワポなどを表示しながら話すことができる
- 参加者がアカウントを持っていなくても、ブラウザから参加できる
- レコーディング機能があるので後からセミナー内容を検証できる

このように、かなり使いやすい機能が揃っているので、現在のところＺｏｏｍが使えれば十分だと思います。

主催者として、オンラインセミナーを開催する場合には、有料版のアカウントを作るのがおすすめです。

無料のアカウントを使った場合、3人以上の通話は40分という時間制限がかかります。

40分というと、オンラインセミナーで、参加者の方が話に聞き入っているタイミングのはずです。このタイミングで、通話が時間切れになってしまうと、再度つなぎ直しても白けてしまいます。

ですから、オンラインセミナーを開催する場合には有料アカウントを作っておく必要があるのです。

といっても、有料版のプロアカウントを取得しても月額2000円程度の費用なので、先行投資としては無理のない金額だと思います。

では、Zoomの設定などについてもお話ししたいと思います。

ホスト（主催者）としてセミナーを開催する方法

Zoomを使って、セミナーを開催する場合には次の手順を踏む必要があります。

といっても、慣れてしまえば簡単です。安心してください。

①Ｚｏｏｍアカウントを取得する
②ミーティングをスケジュールする
③自動生成されたＵＲＬを参加者にメールなどでお知らせする
④当日、Ｚｏｏｍのミーティングを開く
⑤参加者の通知が来たら承認する

これらが主な流れです。少し細かく、説明します。

1「Ｚｏｏｍのアカウントを取得する」

アカウントは、https://zoom.us/にアクセスしてページ右肩の「サインアップは無料です」ボタンをクリックすると作成できます。

誘導されたページに飛んで、必要事項を入力するだけで簡単に作成可能です。

Ｚｏｏｍの利用の仕方については２つの方法があります。

１つは、あなたが使っているインターネットブラウザからＺｏｏｍのサイトのアクセスしてログインして使う方法です。

もう１つは、アプリをダウンロードして使う方法です。

以下、手順がシンプルなのでアプリをダウンロードして使う方法を中心にお伝えしていきます。

アプリを開くとこんなポップアップが現れます。

2 「ミーティングをスケジュールする」

ミーティングのスケジュールを設定する場合には、「スケジュール」のボタンをクリックしてください。

ボタンをクリックすると、次のページのような画面が登場しますので必要項目を入れていきます。

- トピック：オンラインセミナーのタイトルを入力してください。
- 日時：開催日時を入力します。予定される終了時間もこちらで入力できます。
- ミーティングID の選択：ミーティングIDは「自動生成」と「個人ミーティングID」のどちらかが選べますが、どちらを選んでも支障はありません。
- セキュリティ：任意の参加者だけに参加してもらうための機能です。少人数のセミナーなどの場合は「待機室」を用意して、あなたが許可をしたお客さんだけが参加できるようにするとよいでしょう。
- ビデオ：パソコンのカメラを使って参加者の顔を写す機能です。ホストは、参加者から

トピック

「会わない営業 だから、売れる」出版記念セミナー

日時

2021/5/10 17:30 ～ 18:30 2021/5/10

定期的なミーティング　　タイムゾーン: 大阪、札幌、東京

ミーティングID

自動的に生成　　個人ミーティングID 123 456 7800

セキュリティ

パスコード ?

招待リンクまたはパスコードを持っているユーザーだけがミーティングに参加できます

待機室

ホストに許可されたユーザーだけがミーティングに参加できます

認証されているユーザー飲みが参加できます:Zoomにサインイン

ビデオ

ホスト オン オフ　　参加者 オン オフ

オーディオ

電話　コンピュータオーディオ　電話とコンピュータオーディオ

からダイヤルイン　編集

カレンダー

iCal　Google カレンダー　Outlook　他のカレンダー

キャンセル　保存

顔が見えた方がよいので必ず「オン」を選択してください。参加者についても、セミナー中にコミュニケーションを取る予定であれば、「オン」にする方が快適だと思います。

●オーディオ：電話、コンピュータオーディオ、電話とコンピュータオーディオが選択できます。Zoomが紹介された初期の頃、電話を選択した状態で海外とのミーティングをするなどして多額の電話代を請求されたケースがありますので、コンピュータオーディオを選択しておくのが無難です。

●カレンダー：iCal、Googleカレンダー、Outlookなどのカレンダーアプリと設定したミーティングのスケジュールを連携できます。連携すると、保存したスケジュールがカレンダーアプリに反映されます。

スケジュールの設定については以上です。

書き出してみると、一見面倒に見えるかもしれません。

しかし、実際に手を動かしてみれば案外簡単ですから、試してみてください。

3「自動生成されたURLを参加者にメールなどでお知らせする」

スケジュールを設定すると、ミーティング専用のURLが自動的に生成されます。

そのURLを、参加表明をしてくれたお客さんにメールでお知らせします。

4「当日、Zoomのミーティングを開く」

いよいよ当日です。

時間より少し前に、3で発行したURLにアクセスしてZoomミーティングを開いてください。

アプリのスケジュールを開いて、アプリ画面上部にあるミーティングのボタンをクリックしても事前に設定したミーティング（WEBセミナー）を開くことができます。

5「参加者の通知がきたら承認する」

Ｚｏｏｍのミーティング画面下に「参加者」というボタンがあります。このボタンをクリックすると、画面右側に参加者を表示するスペースが現れます。

参加者が追加されるたびに、参加者の名前が表示されますので、ホストは承認するようにしてください。承認することで、参加者はミーティング（ＷＥＢセミナー）に参加できます。

これが、ＺｏｏｍでＷＥＢセミナーを開催するための一連の手順です。

まずは、このステップがわかっていれば手軽にセミナーが開催できます。

参加率のリアルな話と、参加率を向上させる方法

まず、オンラインで無料のセミナーを開催する場合の参加率の話です。

最近の傾向としては、申込者の参加率が50～70％というケースが一般的です。ですから、当日現れないお客さんがいたとしても落ち込まないでください。

オフラインのセミナーを開催している場合は、もう少し参加率が高いはずですが、オンラインの場合は手軽な反面、お客さんのコミット度合いが低い傾向にあります。ですから、申し込みをもらって安心してしまうと、10人申し込んだのに当日は2人しか参加してくれなかった……というような悲しい事態が起こる可能性もあります。ですから、WEBセミナーを開催する場合は、当日まで気を抜かないようにしてください。

具体的には、セミナー申込者に対して、リマインドのメールを送ることです。リマインドメールとはセミナーのことを「思い出してもらう」ためのメールです。

例えば、募集が開催日の1か月前から開始されているのであれば、開催の7日前、3日前、1日前に、リマインドのメールを送るとよいでしょう。

リマインドメールを送ることで、お客さんがセミナーに申し込んだことを忘れてしまうという残念な事態を避けられます。

また、**リマインドメールの返信で「当日、都合が悪くなったので、参加をキャンセルしたい」という内容が返ってくることがあります。**

しかし、それはむしろ「脈あり」なケースが多いので、次回のスケジュールを提案したり、個別面談に誘導するようにしましょう。

メールでのアプローチは、一度設定をしてしまえば、一斉かつ自動での配信が可能ですから、必ず行うことをお勧めします。

さらに、強力な参加率向上法は、お客さんに電話をかけることです。

電話をかけて参加の確認をした場合は、参加率が劇的に向上します。

ＷＥＢセミナーを開催する企業でも電話までかけてくる会社はそう多くはありませんが、電話での参加確認ができると、セミナー参加率を80％以上にすることも十分可能です。

おわりに

本書をお読みいただき、ありがとうございます。本書でお伝えしている方法を使えば、実際に会わずに売れるようになります。

私自身、ほとんど家にいて、営業もサービス提供も、納品物の作成もパソコンです。直接、お話しするときはＺｏｏｍ、納品するデータの転送はパソコンです。世間のお父さんが会社に出かけている時間はほとんど家にいます。

あまりに家にいるので、近所の人からニートだと思われているようです。

本当は、「毎日、仕事でめちゃめちゃ忙しいんだよ！」と訂正して回りたいところですが、逆に頭がおかしいと思われそうなのでやめておきます。

一昔前は、「営業が、昼間にデスクの前で座っているとは何事か！」と先輩や上司にどやされたものでした。また、客先に自分の指定席ができてしまうほど、得意先に食い込んでいる強者・営業パーソンがいたくらいです。

しかし、時代は移り、コロナ以降は、客先に常駐どころかアポイントを取って直接会いに行くことすら難しい状況です。

結果として、営業だから喋れればいい。会いさえすれば売れる。文章なんてかけなくても構わない。とは、なかなかいいにくくなってきました。

実際に、以前はメルマガとは全く無縁だったＢｔｏＢの機械メーカーからも、週に一度はメールが届くようになっています。

それくらい、**メールの効果的な活用と「会わずにお客さんを温める」、あるいは、「買ってもらう」技術は、営業パーソンに必須になりつつあります。**

ぜひ、本書を参考に「会わずに売れる」テクニックを身につけてください。

本文中でもお話ししましたが、**難しい文章や気の利いた文章を書く必要はありません。話すように書いていけば十分です。**

私のように人に会うこと自体が億劫なダメ営業パーソンはもちろん、バリバリの営業パーソンの方もこのテクニックを使えば、今までより遥かに小さい労力で売上を伸ばすことができます。

実際に、コロナ禍の期間でさえ、この手法を使って想定の8倍の集客、セミナー参加者の50％が成約、過去最高の営業利益など、お客さんからご報告をいただいています。

ぜひ、「会わないから売れる」を実践していただければ幸いです。

最後になりましたが、本書の出版にあたってはベストセラー作家でプロデューサーの潮凪洋介先生に多大なサポートをいただきました。また、現代書林の松島一樹様には、読者視点で数多くの的確なご指摘をいただきました。度重なる修正作業にお付き合いいただき、本書の完成にご尽力いただきました。

この場をお借りして、心より御礼申し上げます。

２０２１年８月　今野富康

※１３３ページで紹介した、プレスリリースの個別相談の問い合わせ先。
https://officenorthstar/jp/pr_seminar/

会《あ》わない営業《えいぎょう》だから、売《う》れる

2021年10月20日　初版第1刷

著　者――――――今野富康《こんのとみやす》
発行者――――――松島一樹
発行所――――――現代書林
〒162-0053　東京都新宿区原町3-61　桂ビル
TEL／代表　03(3205)8384
振替00140-7-42905
http://www.gendaishorin.co.jp/

デザイン――――――小口翔平＋加瀬梓＋畑中茜＋須貝美咲（tobufune）
イラスト――――――坂本浩子
企画協力――――――潮凪洋介

印刷・製本　㈱シナノパブリッシングプレス
乱丁・落丁本はお取り替えいたします。

定価はカバーに
表示してあります。

ISBN978-4-7745-1920-3 C0063